LES CARTES
DU THERAPEUTE

Outils pratiques

Jean-Marc HENRIOT

PREFACE

En 2002, après quarante années de pratique, j'ai créé une Ecole destinée à former des psys de toutes obédiences, mais aussi des soignants ou des accompagnants. Je l'ai animée et développée jusqu'en 2018, année de ma retraite. Désireux de transmettre ce qui peut être utile, sous forme de vidéos ou d'écrits, j'ai réalisé ce que vous allez trouver ici : les Cartes du Thérapeute.

Ce sont des cartes au double sens du mot : destinées à donner des repérages, comme des cartes routières, mais aussi à favoriser la mémorisation, comme des cartes à jouer.

De plus elles sont accessibles sous forme de vidéos, dont vous trouverez les liens à la fin du livre. J'espère que tout ceci vous sera utile.

CARTE VERTE 01. LA REFORMULATION

Introduction

Je distingue trois types de cartes :

- les cartes vertes exposent des pratiques efficaces et indispensables

- les cartes orange concernent des interventions parfois utiles et parfois non souhaitables

- les cartes rouges signalent les attitudes et interventions à bannir (dans ce livre, je n'en ai pas mises)

La reformulation

La carte verte numéro 01 concerne la reformulation.

Définition

La reformulation consiste, pour l'aidant qui écoute et accompagne, à redire, reformuler, ce que la personne vient de dire.

Cette définition paraît simple, ou même simpliste. En fait vous allez voir qu'elle se révèle subtile et efficace, sous réserve d'être pratiquée d'une façon pertinente.

À vrai dire, il s'agit même d'une pratique **fondamentale** et nous allons voir pourquoi elle est si capitale, en quoi elle est efficace, puis on apercevra quelques notions théoriques expliquant cette efficacité.

Dans un premier temps détaillons les modalités concrètes de la reformulation.

Premier temps. Les modalités concrètes

1) Le vécu de la **personne** elle-même

On reformule le vécu de la personne elle-même et non pas celui d'une autre personne dont parle le client.
Exemple : la cliente dit « mon mari est tout le temps absent, il est toujours à son boulot, et quand il rentre il se met directement à son ordinateur », ceci ne suscite pas de reformulation. On reste silencieux en hochant la tête. Par contre si la phrase suivante exprime : « vraiment je me sens négligée, comme si je n'avais aucune importance, comme s'il ne tenait absolument pas compte de moi » on reformule immédiatement : « vous vous sentez négligée, comme si nous n'aviez aucune importance » et on est attentif à reformuler ensuite, si cela se présente, ce que cette situation suscite comme émotions et sentiments. « Oui, et cela me blesse profondément et m'attriste » ➜ « Vous vous sentez triste et blessée » etc.
Comme vous le voyez on reste centré, dans les reformulations, sur le vécu de la personne elle-même, c'est-à-dire les sentiments, les émotions, éventuellement les ressentis physiques exprimés (« ça me fait mal au ventre »). Reformuler le vécu de <u>la personne</u>, semble simple. Pourtant à l'usage vous vous rendrez compte que cela exige toute votre attention. En effet fréquemment la personne parle d'un autre ou d'une autre, de sa femme, de son mari, son enfant, ses parents, son patron. Et il est très tentant de perdre le fil, en allant sur ce terrain, terrain qui éloigne du centre où tout se joue et se dénoue, c'est-à-dire le vécu affectif qui entraîne tout le reste, et non pas ce que fait ou dit l'autre personne dont parle le client.

2) Le **vécu** de la personne et non les faits qu'elle décrit

Une autre dérive possible consiste à reformuler les faits racontés plutôt que le vécu derrière ces faits. Exemple : la personne nous dit « en venant au rendez-vous chez vous, j'ai froissé une aile de ma voiture ». On se contente de dire

« oui » et on attend (ou bien on suscite) le vécu de cet incident.

« J'ai vraiment la poisse » ➜ « vous avez le sentiment de ne pas avoir de chance ». Ou bien, il dit en riant jaune : «j'aurais mieux fait de ne pas venir» ➜ « vous regrettez un peu d'avoir dû venir à ce rendez-vous ».

Pour des raisons que je traiterai ultérieurement, on ne renvoie pas en miroir les messages non verbaux, comme par exemple ici le rire jaune. On ne dira pas : « cela vous fait un peu rire », on en restera à ce qui est dit du vécu. Sinon la personne risquerait de se sentir intrusée.

> 3) On reformule **<u>systématiquement</u>** tout ce qui est **<u>négatif</u>**

Le « négatif » réfère aussi bien à un vécu <u>difficile</u> (douleur, émotions tristes, etc.) qu'à l'expression <u>agressive</u> envers le thérapeute, ou envers la séance ou n'importe quoi d'autre.

Pourquoi fait-on cela ? Pour plusieurs raisons qui sont toutes importantes. En voici quelques-unes :

1. tous ces sentiments négatifs sont comme un boulet intérieur. Tant que ce boulet n'aura pas été extériorisé, il empêchera toute autre approche. C'est comme lorsqu'on a l'estomac bien plein : on peut bien nous présenter des plats très attractifs, ceux-ci ne nous attirent pas. Retenez bien ceci : la personne ne pourra **PAS** passer sur un versant plus positif (de la gaieté, du changement, de l'énergie) tant qu'elle n'aura pas d'abord « vidé » son négatif.
Il est donc particulièrement important que l'aidant favorise l'expression de ce négatif en le reformulant. Exemple :
* « vous m'avez pris avec 10 minutes de retard, c'était vraiment désagréable »
➜ « oui, vous vous êtes senti comment avec ce retard désagréable ? »
* « Furieux, c'est comme si vous me négligiez »
➜ « vous êtes furieux de ce retard »

Plus tard on pourra dire : « je vous prie de m'en excuser ». Et ajouter « vous avez eu l'énergie de me le dire ! » car ce genre de recadrage est toujours bon à faire (on accepte ce qui a été dit et même on en voit le positif).

Dans l'hypothèse où vous donneriez une justification à votre retard, sans reformuler et sans valider d'abord la colère de la personne, cette colère restera présente, non entendue, non reconnue, et perturbera toute la suite. Donc résumons ce point : **tout sentiment négatif doit d'abord être exprimé pour pouvoir être dépassé ensuite.**

2.   Mais désormais, tout sentiment négatif exprimé se trouve comme déposé entre l'aidant et l'aidé. Déposé sur la table entre eux deux. Susceptible d'être maintenant regardé à distance, au lieu que la personne soit possédée par lui. Exemple : « par moments j'ai envie de tuer ma femme » → « parfois vous auriez envie de la tuer ». Libéré de ce sentiment exprimé, qui se trouve donc dans l'espace interactionnel et occupe moins l'espace intrapsychique, la personne va pouvoir <u>observer et juger</u> ce qu'elle vient d'exprimer.
« Oui, enfin... c'est une façon de parler... je ne la tuerai pas vraiment »
→ « vous sentez parfois le désir de la tuer mais vous savez que vous ne le ferez pas » etc.

Une évolution devient possible quand le négatif exprimé est désormais vu à une certaine distance.

3.   Le négatif suscite les mécanismes de défense. Douleur, tristesse, déception, rancœur, regrets, jalousie, envie, haine, etc. etc. : tous ces sentiments ne sont pas faciles à supporter. Du coup on a tendance à les refuser, les oublier, les enfouir pour qu'ils ne nous gênent plus, qu'ils ne nous fassent plus mal. Mais enfouis en nous, sous la couche défensive, ils restent comme une sorte de poison silencieux qui va induire des symptômes. Nous y reviendrons.

Donc accepter de voir vraiment ces sentiments négatifs, puis accepter de les sortir de soi en les exprimant à « l'aidant – thérapeute », c'est déjà commencer à vider l'abcès, même si cela représente une douleur supplémentaire provisoire. Ensuite la personne pourra faire quelque chose de constructif et de créatif avec ces sentiments et émotions douloureuses.

Par conséquent **reformuler le négatif est une nécessité**. C'est un peu comme aider quelqu'un à vomir le plat avarié qu'il avait dans l'estomac : ce n'est agréable pour personne... mais après, quel soulagement!

4. Un négatif qu'il faut absolument reformuler c'est celui qu'on appelle habituellement **« les résistances »**. TOUTE résistance, toute remarque un tant soit peu négative envers le thérapeute doit ABSOLUMENT être reformulée. Exemple :
« Je ne sais pas si je peux vous faire confiance » ; « je crains que ce que je dis ici laisse des traces et ne soit pas confidentiel » ; « êtes-vous vraiment la personne qui va me convenir ? » ; « Hum, j'ai lu des critiques sur la technique que vous proposez » ; « peut-être un psychanalyste lacanien (ou n'importe quoi d'autre : un guérisseur, une voyante, un magnétiseur, etc.) serait plus adapté pour moi » etc.

Toute réticence, toute critique, toute incertitude, toute provocation doit d'abord et avant tout être reformulée.
On dira donc : « Vous n'êtes pas sûrs que vous pouvez me faire confiance » ; « vous craignez que ce que vous direz ici ne soit pas confidentiel » ; « vous vous demandez si... (si je suis la personne qui va vous convenir, ou bien par exemple : si ma technique vous conviendra, si j'ai assez d'expérience, si je ne suis pas trop jeune, si un psychanalyste lacanien ne serait pas plus adéquat, si un guérisseur ne pourrait pas vous libérer) etc. etc.
La tentation du débutant (et à vrai dire parfois aussi des plus expérimentés) c'est de répondre immédiatement, presque en ping-pong : « oh, ici tout ce qui se dit est couvert par le secret professionnel » ; « oh, j'ai 10 ans d'expérience et tel ou tel diplôme » ; « vous pouvez me faire confiance » ; etc

C'est SEULEMENT si vous avez d'abord permis l'expression de tout son négatif résistanciel que la personne écoutera votre réponse et en tiendra compte. Nous verrons dans une autre carte, comment ceci peut même s'accompagner et s'amplifier : « surtout dites-moi bien si vous sentez que vous n'êtes pas en confiance » par exemple.
C'est tellement important que j'insiste, dans le point suivant.

4) On tend la perche pour l'expression du négatif implicite

Si l'aidant sent que la personne a des réticences et des réserves qu'elle n'exprime pas alors on va un peu plus loin en tendant la perche : « Hum, je me demande si ce que je vous dis là (ou bien, par exemple, si ma façon de faire, ou autre) vous convient ? » ; « Est-ce que ce serait un peu comme si vous aviez des questions à mon propos qui vous viennent à l'esprit ». Et ensuite on reformule et on accompagne chaque sentiment négatif : doute, inquiétudes, critiques, déception, dont la personne est porteuse.

Si l'aidant ne fait pas cela et essaie lui-même d'oublier ce qu'il ressent sourdement de désagréable dans la relation, alors la personne ne tirera pas de bénéfice de l'entretien, et probablement ne reviendra pas.

5) On coupe la personne pour accompagner un mot émotionnel de son discours. On n'attend pas la fin de la phrase.

La politesse dans les relations en général veut qu'on attende que l'interlocuteur ait fini sa phrase avant d'intervenir nous-mêmes. Là, en situation d'aide, il s'agit d'instaurer une sorte de dialogue partagé, presque commun.

Quand un mot émotionnel apparaît dans le discours de la personne on le reprend brièvement en le reformulant MEME SI pour cela on doit couper plus ou moins le fil. Exemple :

« Cette semaine j'ai eu des moments de déprime, mais heureusement j'avais beaucoup de travail, et cela m'a aidé à penser à autre chose, et aujourd'hui je vais bien »

L'aidant aura dit en écho, tout de suite après le mot «déprime» le même mot «déprime». C'est une façon de pointer le vécu sans interrompre la personne et de montrer comment celui-ci est entendu.

Attention : ceci doit se faire sur un mode bref qui ne sortira pas la personne de ce qu'elle est en train d'exprimer.

6) On pense bien à reformuler les DEUX aspects d'un discours ambivalent.

Or dans cette phrase il a été dit deux choses différentes. Du coup, l'aidant - thérapeute reformulera ensuite, à la fin de la phrase : « d'un côté vous avez eu des moments de déprime, et d'un autre côté vous vous êtes récupéré en vous plongeant dans le travail ».

Le risque, si on n'intervient pas en cours du discours, c'est de finalement ne reformuler que le temps final de la phrase : « aujourd'hui vous allez bien ». Risque encore accentué si le thérapeute souhaite inconsciemment entendre du positif. Car dans ce cas, progressivement, le client amènera seulement du positif <u>en séance</u>, et tout son négatif passera dans les symptômes, <u>en dehors des séances</u>.

7) Le positionnement juste

Enfin, dernier point, sans doute le plus important, celui du positionnement juste. Celui-ci se caractérise par les aspects ci-dessous, chacun des deux étant tellement essentiel qu'une carte verte spéciale leur est consacrée. Je ne m'y attarderai donc pas ici. Les voici

- « **valider** » ce qui est dit, en le reformulant, ne veut pas dire l'approuver. Mais il est nécessaire que la personne se sente entendue et puisse déposer cela auprès de vous. Exemple : « au fond toutes les femmes sont des putes » dit monsieur qui vient consulter une thérapeute. Celle-ci doit reformuler sans recul ni haut le cœur : « dans votre idée, toutes les femmes sont des putes ».

On notera qu'elle utilise les mêmes mots que son patient, ce qui est toujours nécessaire, aussi crus soient-ils.

- « **ressentir soi-même** » la qualité des vécus émotionnels qui agitent la personne. Ainsi lorsqu'elle exprime par exemple son désarroi, ou son ras-le-bol de vivre, la thérapeute reformulera, non pas d'une façon mécanique à distance, comme par exemple sur un ton froid : « vous en avez marre de vivre » sans affect, mais plutôt en sentant en elle-même comment parfois elle aussi peut ressentir cette même chute mortifère. Ce qui donnera une autre TONALITE, un autre TON à sa voix et à son échange avec la personne.

Dans le positionnement, on notera que le temps de reformulation doit être bref et centré : certains thérapeutes reformulent si longuement ce qui a été dit qu'on peut se demander s'ils ne sont pas en train de s'approprier eux-mêmes cette parole de l'autre.

Théorie

Pour finir j'évoquerai très brièvement deux points de théorie psychanalytique.

1) <u>Le stade du miroir</u> période pouvant aller environ de 10 à 20 mois où l'enfant perçoit son reflet, et découvre en présence de la mère ou du parent le fait que là-bas, celui qu'il voit, c'est lui.
   Ainsi dans la reformulation l'aidant fait fonction de miroir et permet à la personne de se voir elle-même, de s'entendre elle-même, de se percevoir elle-même, et d'accéder à son Moi propre et personnel comme lors de la phase où l'enfant commençait à devenir un soi-même différencié.

2) <u>La fusion avec le psychisme maternel</u> Au tout début de notre vie, le bébé que nous étions avait besoin de s'appuyer sur l'accueil du psychisme maternel pour apprendre progressivement à contenir et à détoxiquer des vécus physiques et émotionnels douloureux qui le parcouraient.

La reformulation, dès lors qu'elle est chargée d'une vraie présence, et n'est en rien un « truc » mécanique, favorise ce partage émotionnel qui désamorcera progressivement l'ampleur des vécus douloureux.

Tout ceci est expliqué dans la carte verte suivant, le SA2 : Système à 2.

Conclusion

Pour conclure : ce travail apparemment simple et même simpliste, consistant à reformuler ce que la personne est en train d'exprimer, se révèle d'une grande importance. Bien sûr, il exige de la pratique, du doigté, du tact, mais ceci peut s'apprendre et se perfectionner, particulièrement en groupe de formation.

En tout cas, cette façon de faire crée l'alliance entre les deux interlocuteurs, socle de base pour les autres interventions que j'évoquerai dans toutes les autres cartes du thérapeute.

Et je vous suggère une petite phrase à retenir :

« Valider » d'abord ce qui a été dit (en le reformulant) avant toute autre intervention »

CARTE VERTE 02. LE SYSTEME A DEUX. SA2

Cette carte verte numéro 02 concerne le Système à deux.

Définition

Relation entre le patient et le thérapeute marquée par le fait que ce dernier s'efforce de trouver en lui des vécus similaires à ceux de son interlocuteur. La tonalité de la relation devient un système relativement gémellaire induisant d'une part une qualité de lien primaire profond et d'autre part une polarisation ultérieure.

Ce SA2 permettra aux patients à la fois de se sentir entendus et en confiance, et à la fois de s'approprier les forces de changements, comme nous le verrons.

Cette définition paraît complexe mais elle va progressivement devenir très claire, au fur et à mesure des explications.

HISTORIQUE DU DEVELOPPEMENT PSYCHIQUE

Pour la comprendre, il faut faire une incursion dans l'histoire de notre développement psychique. Nous verrons ainsi trois points importants.

1) L'empreinte de notre faiblesse

   Du fait de l'immaturité du petit d'homme à la naissance, celui-ci est démuni de la plupart des câblages instinctifs qu'on trouve chez les autres mammifères. Ne sachant quasiment rien faire, il devra tout apprendre de son environnement. C'est à la fois ce qui fait la force et la faiblesse de l'être humain.

Sa force car, devant tout apprendre, il développera une capacité de découverte quasi infinie, sa vie durant. Sa faiblesse car, étant dépendant et impuissant, pendant de très très longues années, il gardera en lui une empreinte de cette longue période d'enfance, durant laquelle on était petit, pas capable de faire plein de choses par rapport à ce que les grands savaient faire, pas encore sûr de nous, avec beaucoup de sentiments d'être en-dessous, d'être en déficit par rapport à ce qui nous entourait. Cette expérience a duré des années et des années, au moins presque jusqu'à l'adolescence, et ce qu'il en reste c'est une part de nous-mêmes qui a engrammé la trace de ce vécu persistant. Et qui induit de ne jamais se sentir tout à fait aussi fort que les autres, aussi réalisé que les autres, bref une empreinte indiquant qu'il me manque quelque chose que les autres semblent avoir, ou qu'il me manque quelque chose pour être fort et au point.

Quelque part en chacun de nous existe un ou une enfant « trop petit pour… », trop petit pour se réaliser pleinement, trop petit pour être vraiment à la hauteur, impuissant et plein de doutes sur ses capacités. Cette empreinte donnera lieu à de nombreuses stratégies destinées à se convaincre qu'on est enfin libéré de cela. Mais lors de toutes les périodes de crise ou de changement, cette empreinte reviendra au premier plan.

Or, lorsque le patient consulte, il a le sentiment de ne plus arriver à résoudre son problème, et ceci réveille en lui une position infantile ; il est en situation de déficit narcissique.

2) Retour au lien psychique avec la mère

Cette position infantile réveille inconsciemment des souvenirs primaires, ceux que nous avons tous connus au moment de l'établissement de notre contenant psychique. En effet :

a) Au début de la vie, l'enfant démuni est traversé par des émotions violentes et des sensations physiques extrêmes. Pourquoi ? Parce qu'il ne sait pas les gérer par lui-même. D'où ses pleurs si fréquents, façon non seulement de communiquer, mais aussi tout simplement de tenter la décharge de ses tensions émotionnelles et physiques.

b) Or, grâce à ce que Winnicott (célèbre pédiatre et psychanalyste anglais) a appelé la « maladie maternelle », celle-ci est capable de percevoir intuitivement les vécus de son bébé. Vécus qu'elle ressent au plus profond d'elle-même.

Percevant les ressentis de son bébé, elle peut par conséquent les accueillir et calmer son enfant. Ce qu'on appelle « détoxiquer » ces impressions qui le bouleversent.

Exemple : lui donnant le bain et voyant qu'il manifeste son inquiétude en écartant les bras et en criant, elle lui dira calmement et gentiment : « ne t'inquiète pas mon petit, l'eau est bonne, je te tiens bien, tu ne te noieras pas, etc. ». Elle accueille ce qu'elle sent que son enfant est en train de vivre (et son intuition lui dit cela avec justesse car elle est fusionnée au psychisme de son enfant) et elle calme ses vécus excessifs. Progressivement l'enfant va intégrer en lui-même ce contenant psychique maternel et il deviendra capable de contenir et détoxiquer les vécus violents (émotionnels et somatiques) qui surviennent en lui.

On commence sans doute à voir comment ceci se rejoue dans l'interaction entre le thérapeute accueillant et le patient bouleversé... Contenir et détoxiquer...

3) Polarisation des systèmes

En grandissant, l'enfant va devoir choisir et développer ses propres traits de caractère, ceux qui lui sont (supposément) spécifiques. Or ce choix ne se fait pas au hasard ; il est dépendant des « places libres ». Ainsi par exemple dans le cas de deux sœurs proches en âge : si l'une se situe comme agressive et affirmée l'autre sera généralement diplomate et réservée. Et cette configuration s'observe très fréquemment. Entre deux frères l'un sera bon à l'école, l'autre sera bon en sport, l'un sera calme et maîtrisé, l'autre excité et impulsif, etc.

Un peu comme si plus on était proche de quelqu'un qui nous ressemble plus on s'efforçait inconsciemment de se différencier mutuellement en prenant chacun un aspect opposé (et du coup en se privant d'une partie des capacités possibles).

Ceci se retrouvera dans la relation de SA2 entre le thérapeute et le patient, lorsqu'il s'agira de se répartir les forces de freins et les forces de changements.

CONSEQUENCES DANS LA RELATION

Ces trois éléments vont se retrouver dans la relation soignante et seront donc à l'origine de la nécessité du SA2. Voyons donc ceci :

A. L'empreinte de fragilité

La situation qui suscite la consultation est placée fréquemment, pour la personne en difficulté, sous deux signes qui oblitèrent sa vie : la perte d'espoir et la perte du sentiment de sa propre compétence. Ce que les Américains dénomment helplessness et hopelessness. Perte d'espoir car le patient a essayé, encore et encore, de résoudre son problème ou son symptôme, et il finit par perdre l'espoir de vraiment s'en sortir. Perte de confiance dans ses capacités, découlant du sentiment d'avoir échoué à résoudre la question posée dans sa vie.

Cette dénarcissisation vient alors appuyer le retour de l'empreinte de faiblesse infantile. Si bien que le consultant, même s'il n'en a pas l'apparence, est un peu envahi par son enfant intérieur inquiet et fragilisé.

Face à cela il est de toute première importance que le thérapeute adopte une attitude qui redonnera confiance et espoir. Il s'agira, pour le thérapeute, de sentir lui-même une confiance dans les capacités de la personne (ce qui suscitera un effet Rosenthal) et de savoir transmettre des connotations positives sur tout ce qui manifeste celles-ci.

Mais pour en revenir au SA2 nous constatons que l'infantile réveillé par la crise va induire aussi, au niveau inconscient, un retour au besoin d'être compris, contenu, et «détoxiqué» par le psychisme maternel primaire. En l'occurrence il y a une attente implicite de cet ordre envers le ou la thérapeute.

B. Retour au lien psychique avec la mère

Or ce qui caractérise le psychisme maternel, dans cette époque où elle a en charge l'enfant démuni, c'est d'être capable de percevoir en elle-même ce que son bébé vit et ressent. Nous allons donc tâcher de retrouver cette même tournure d'esprit dans la relation thérapeutique. Cela se fera de la manière suivante : entendant les vécus du patient, le thérapeute va chercher en lui-même les souvenirs de sa propre vie durant lesquels il a vécu quelque chose de similaire. Ceci le fera s'approcher au plus près de ce qui se passe chez son interlocuteur. Et vibrer de la même humanité.

La dépression de la personne lui rappellera ses propres épisodes dépressifs. Le ras-le-bol de vivre lui évoquera des moments personnels de cet ordre. L'humiliation, la faiblesse, l'impuissance, la déréliction trouveront leur écho au cœur du thérapeute

Evidemment ceci suppose que le thérapeute ait fait un travail le plus large et le plus approfondi possible dans le but (toujours un peu asymptotique, bien sûr) que rien de ce qui est humain ne lui soit étranger. Ceci suppose aussi qu'il ait pu approcher de ses fantasmes les plus problématiques, en sachant les contenir et les désamorcer, par des frontières bien claires entre l'intérieur et l'extérieur, et par un fonctionnement efficace de son préconscient.

À vrai dire on ne peut être efficace et pertinent QUE si l'on a suffisamment de résonance intérieure avec la personne dont on s'occupe. C'est ce que j'appelle la « danse de gémellité ». Une sorte d'échange dansant dans lequel l'autre est notre jumeau.

Ceci explique qu'on ne puisse pas vraiment faire une thérapie en face-à-face avec un psychotique : sa psychose est tellement quelque chose que l'on ne veut pas trouver en soi-même que du coup le lien de gémellité n'arrive pas à se créer. Une personne psychotique sera traitée par une équipe, chaque membre de l'équipe pouvant récolter et assumer un seul aspect du psychisme éclaté du malade.

Cette danse de gémellité est un fond d'une importance capitale et ses avantages sont très nombreux :

1. La personne se sent entendue et comprise, car une part d'elle-même perçoit que le thérapeute est vraiment en vibration sur la même longueur d'onde. Une alliance forte en découle.
2. Elle peut donc aller en confiance vers ses vécus douloureux ou inquiétants, et les confier dans le but que ceux-ci soient vus à la bonne distance, soient contenus sans trop de peur, et puissent à terme être détoxiqués comme lorsque la mère aidait à détoxiquer les vécus affolants.
3. Le thérapeute voit l'autre comme un être humain, similaire à lui-même, et non comme une somme de symptômes débouchant sur une étiquette psychopathologique. Sa propre vibration intérieure, pensons à celle d'une corde de harpe qui vibre en harmonie avec celle qui lui est proche, lui permet de se sentir respectueux et bienveillant, sans se croire au-dessus ou en dehors de la problématique qui lui est amenée.

Ainsi les deux peuvent-ils marcher ensemble vers le cœur du problème, en alliance, afin de tenter de le résoudre. La qualité de cet échange entre deux humains sensibles fait tout de suite la différence.

Il n'est pas question d'un « expert », se trouvant en dehors du vécu du patient. En psychothérapie, comme dans la science actuelle la plus pointue, on sait bien que l'observateur fait partie lui-même de la situation observée.

Une erreur consiste à croire que garantir les compétences en connaissance de la psychopathologie représente un point de repère fiable ; c'est ne rien comprendre au processus psychothérapique. Celui-ci se déroule dans une ambiance très différente avec un thérapeute impliqué et respectueux.

Concrètement cela suppose que :

le thérapeute cherche lui-même le moment où il a pu ressentir la même chose que ce que lui confie son interlocuteur. Il est donc à la fois à l'écoute de l'autre et à la fois à l'écoute de lui-même : ses images, ses impressions, ses souvenirs, ses sensations, ses fantasmes. Il ne s'agit pas uniquement de se centrer sur l'autre mais largement autant de faire attention à ce qui se passe à l'intérieur de lui-même. Être donc attentif aux deux partenaires de la rencontre.

Il ne suffit pas uniquement de percevoir son contre-transfert, afin de ne pas jouer le jeu névrotique proposé, mais aussi de chercher activement les points de similitudes entre le vécu du consultant et le sien propre. C'est ce qui est impliqué dans la danse de gémellité, base d'une profondeur humaine partagée.

Une fois cette profondeur humaine partagée le thérapeute pourra envisager la suite et les actions guérissantes, exposées plus loin.

C. Polarisation des forces

Enfin lorsque les deux sont dans une relation étroite, il peut se passer (au moment opportun) la même distinction que celle qui s'établit dans la fratrie proche : l'un prendra une position et l'autre la position complémentaire.

Cette spécificité des dyades se montrera d'une très grande utilité lorsqu'il s'agira, pour le patient, de découvrir les forces de changements, les capacités nouvelles à mettre en œuvre. Sous réserve, tout à fait paradoxale, que le thérapeute après avoir envisagé avec le consultant les changements qui seraient tellement utiles, assure lui-même les forces de frein

Il proposera de ne pas aller trop vite, de se contenter d'une toute petite première expérience, dans une voie radicalement nouvelle. Et le patient, voyant les forces de frein portées par le thérapeute, se sentira nettement plus libre d'assurer quant à lui l'autre partie, les forces de changements.

Ce mouvement systémique peut paraître un peu étrange, ou peut-être manipulateur, mais en fait il procède du même respect manifesté depuis le début : savoir que si le changement libératoire n'a pas encore été découvert jusque-là, c'est bien qu'il y a des forces de frein et que celles-ci doivent être reconnues et prises en charge.

COMPLEXITE

Quelques éléments viendront un peu complexifier cette question. Les voici :

1) Pourquoi ce mélange des vécus similaires ne conduirait-il pas à ce que le thérapeute se décentre du consultant, devenant trop centré sur lui-même ?

Parce que le cadre garantit que cette recherche intérieure est effectuée au service du patient. Le cadre horaire (un temps délimité), le cadre de la localisation (le cabinet), les autres points du cadre : paiement, repères théoriques, fonction professionnelle. Tout ceci contribue au fait que le thérapeute laisse ses propres problèmes à la porte et soit alors au service de l'interlocuteur.

Ajoutons que le travail psychothérapique et psychanalytique effectué auparavant l'aura en bonne partie débarrassé de la tentation de mélanger ses problèmes avec ceux des personnes dont il s'occupe.

Ainsi peut-il assurer cette vibration émotionnelle partagée. Sans toutefois que celle-ci ne se voie car cela décalerait la personne de sa propre recherche. Le thérapeute peut avoir les yeux humides parfois, tellement harmonisé avec la souffrance du patient, mais bien entendu sans se mettre à pleurer lui-même.

2) Il y a d'autres situations à connaître. Par exemple :

✱ L'<u>identification projective</u>. Le cas est le suivant : la personne raconte un événement terrible qui lui est arrivé dans son histoire. Par exemple elle a été abusée salement et violemment et durant un temps important. Or elle décrit ceci sans émotion, platement, comme un fait dénué d'importance. Et parallèlement le thérapeute est bouleversé émotionnellement. Que se passe-t-il ? La personne est clivée, coupée de son émotionnel traumatique ravageur, et c'est le thérapeute lui-même qui sent en lui ces émotions interdites et rejetées.

Tant mieux ! Car au moins l'un des deux peut commencer à s'approcher du foyer incandescent.

✱ À l'inverse : la personne pleure, manifeste fortement son émotion et le thérapeute de son côté ne ressent rien, <u>reste insensible</u>. Que se passe-t-il ? Deux options sont possibles

1. la plus probable est la suivante : le thérapeute ne ressent rien parce que l'émotion est jouée plutôt que ressenti
2. ou alors l'émotion est ressentie mais la situation évoquée vient tellement heurter le thérapeute dans une de ses zones mal travaillées qu'il se coupe de son propre ressenti émotionnel interne.

Cependant dans ce cas d'autres signaux lui indiqueront qu'il s'égare : sensations physiques désagréables ➔ envie de vomir, envie d'arrêter la séance, sensation de froid, etc. Bien sûr il aura à cœur d'en parler ensuite en supervision afin de travailler sa zone aveugle.

✱ Enfin un phénomène bien connu dans le domaine psy, le contre-transfert. Celui-ci se manifestera à l'intérieur du thérapeute par une pression incitant vers une direction : désir de donner des conseils actifs par exemple, ou bien énervement contre le patient, ou envie de dormir, envie de diriger la vie de la personne pour qu'elle s'en sorte, etc.

Tout ceci est induit en lui par un jeu inconscient proposé. Il est invité à prendre une certaine place, une certaine attitude. Si par erreur, par non perception interne, ou autre, le thérapeute joue le jeu proposé par la compulsion de répétition, qui est sous-jacente à tout cela, il ne fera que confirmer le patient dans sa vision du monde problématique, source de ses symptômes.

Dernière remarque. Conformément à la complexité psychique qui nous caractérise tous, le thérapeute sera pour une part de lui-même ému et touché par le vécu du consultant, et pour une autre part de lui-même il garde la tête froide et continue son travail au service du patient en ayant une compréhension des enjeux nécessaires, et une stratégie théorico-clinique.

CONCLUSION

Evidemment chaque aspect non développé ici devra être explicité dans d'autres cartes. Pour celle-ci l'accent est mis sur l'importance capitale, complémentaire à la carte n° 1 « Reformulation », de s'installer dans un SA2, un système à deux. Le SA2 créera une base nécessaire pour la suite du travail, instaurant un échange marqué par le respect, l'humanité partagée, l'alliance, la marche ensemble vers les zones douloureuses et sensibles.

Et dans cet échange le ou la thérapeute se départira d'une position d'expert situé « à distance » qui gèlerait le processus.

En résumé : Compte tenu du transfert archaïque favorisé par la désorganisation du client du fait de la crise et de l'angoisse, le lien sera fortement marqué par le modèle du mélange des psychismes mère-enfant. Ceci se manifeste par une position thérapeutique située au-delà de l'empathie, dans la sympathie (sun-pathein).

1. Le thérapeute s'emploie à trouver en lui-même des vécus similaires à ceux amenés par le consultant (émotions, souvenirs, etc)

2. Appuyé sur ses émotions, il marque par ses reformulations, l'aspect gémellaire (danse de gémellité)
3. Toutefois ceci se fait sans rien mettre en avant de son propre vécu. Il se sert de ce qui se passe en lui pour mieux accompagner cœur à cœur.
4. Ce SA2 permet son <u>identification</u> au client, pour une part de lui-même. Cette identification est essentielle. Sans-elle la cure ne marchera pas.

Cette expérience enrichira l'un comme l'autre, et ramènera ce vécu que nous avons tous connus dans notre développement psychique : la sécurité donnée par des psychismes en osmose.

Et comme à l'accoutumée je finirai sur une phrase à retenir :

« Rien de ce qui est humain ne m'est étranger, sauf ce dont je me suis moi-même interdit la reconnaissance ».

CARTE VERTE 03. ALLER VERS L'EMOTIONNEL

Et pour effectuer ce mouvement, commençons par comprendre l'enjeu psychique des frontières. Vous devrez apprendre à les franchir en sécurité, lorsque cela se révèlera nécessaire pour oser vous approcher de l'émotionnel violent en vous-même.

LES FRONTIERES

Pour nous construire psychiquement nous avons dû établir, tout au long de notre développement, des frontières internes sécurisantes. Celles-ci sont destinées à :

    A) distinguer des espaces différents
    B) garantir de n'être pas envahi par ce qui nous fait peur, ou par ce que nous avons décidé de rejeter

DISTINGUER DES ESPACES DIFFERENTS

Frontières nécessaires

Par exemple, comme l'ont montré Konrad Lorenz avec la découverte de l'empreinte, et René Spitz avec l'empreinte du visage humain qui se grave en nous dès les premiers mois de notre vie, une première frontière s'établit en garantissant que nous faisons partie de l'espèce humaine et non d'une autre. Désormais un cap est franchi, nous ne sommes plus disponibles pour nous reconnaître autrement qu'humain.

Ce qui n'est qu'une première frontière différenciante va être suivi, tout au long de l'enfance, d'autres frontières, telles que par exemple deux autres, capitales :

- la frontière qui me garantit que l'autre n'est pas moi, et que moi je ne suis pas l'autre. J'ai donc le droit de penser et ressentir ce qui se dit en moi personnellement, en mon for intérieur
- la frontière qui me garantit que mes pensées et fantasmes se situent à l'intérieur de moi et ne présentent pas un pouvoir de transformation immédiate de l'extérieur. Je peux donc imaginer par exemple de tuer l'autre, et constater que, dans la réalité, il reste bien vivant. Ouf ! J'ai le droit de fantasmer sans danger.

Il y a bien d'autres frontières différenciantes, que je n'aborderai pas ici. L'essentiel à retenir : ces frontières différenciantes sont indispensables à la sécurité intérieure, bien qu'elles représentent toutes des limites.

On peut d'ailleurs le voir dans les psychoses, assorties de leurs angoisses majeures et terrifiantes, qui vivent quelque chose comme :

- suis-je moi ou suis-je un autre, un objet, un animal ?
- mes pensées sont-elles les miennes ou bien me reviennent-elles comme des voix extérieures qui me parlent ?
- mes visions hallucinatoires sont-elles réelles ou non ?
- etc.

En l'absence de frontières sûres, la vie psychique sera chaotique et angoissante.

<u>Frontières semi poreuses</u>

MAIS on constate aussi que ces frontières doivent être à la fois suffisamment imperméables pour garantir des espaces sûrs, et à la fois suffisamment poreuses pour laisser place à la créativité et à la sensibilité. Exemples :

- dans les cultures primitives où règne l'animisme, tout me parle (les arbres, les animaux) et mon animal totem m'indique que l'espèce humaine dont je fais partie reste ouverte et sensible à toutes autres espèces

- dans la relation à l'autre, je sais que l'autre et moi sommes différents, pourtant mon empathie et mes neurones miroirs permettent que je ne sois pas enfermé dans une solitude, un solipsisme stérilisant.
- mes fantasmes n'ont pas le pouvoir de devenir immédiatement impactants sur la réalité externe, et pourtant ils m'indiquent, sous une forme symbolique, la façon dont le réel et moi interagissons. Ce sont donc de précieux indicateurs et parfois ils permettront ainsi une action adéquate pour transformer le réel externe.

Toutes ces frontières concernent la juste distance avec l'extérieur.

Retenons donc ceci : certes, nous devons disposer de frontières discriminantes qui nous cantonnent dans des espaces sécurisés ; mais parallèlement celles-ci risqueraient de ressembler à des étouffoirs si elles n'étaient pas susceptibles de se voir transgressées. Une sorte de dilemme entre sécurité et créativité, entre stabilité et aventure, toutes deux nécessaires.

GARANTIR LA SECURITE

<u>Se protéger de l'intérieur</u>

Du coup, un autre genre de frontières existe entre différents espaces internes à nous-mêmes.

L'enfant, doté encore de faibles moyens de contrôle, ressent parfois des **émotions terrifiantes**. A défaut de savoir les gérer, il a dû apprendre à s'en protéger en les repoussant, les enfermant dans des placards intérieurs, ou derrière d'énormes murs dans des pièces secrètes et interdites de son psychisme.

Ne disposant pas encore de la capacité à contenir et traiter ce qui nous terrifiait, nous déstructurait, nous faisait éclater d'inquiétude et de peur, risquait de nous rendre fou, nous avons trouvé une solution : mettre tout cela en prison, hors de notre vue.

Refoulement, clivage, formation réactionnelle, mise à l'écart, etc. nous avons élaboré des stratégies pour pouvoir survivre à ce qui nous paraissait impossible à affronter : traumatisme, situation incompréhensible, douleurs terribles comme seuls peuvent en vivre les enfants.

Rappelons par exemple en quoi consiste le bien connu « refoulement ». Voici comment cela se passe :

- une situation déclenche en nous une émotion particulièrement déstructurante. Mettons par exemple un abus sexuel, venu fracturer les frontières du corps et entraînant des émotions ambiguës et terribles. Ou bien un abandon incompréhensible, par exemple le placement dans une autre famille pour des raisons qui échappent à l'enfant et qui le laissent très perturbé.
- Pour éviter de continuer à se sentir bouleversé par ce cocktail d'émotions insupportables le psychisme va enfouir, oublier la situation qui amène tant de dangers de déstructuration, d'éclatement sous la douleur
- le souhait devient : si j'oublie la situation vécue, si je n'en ai aucun souvenir, alors je ne subirai plus ce maelstrom émotionnel affolant qui se déclenche avec celle-ci.

Ainsi le but de ce système interne, le refoulement, l'oubli, la mise au cachot dans un lieu de mémoire inaccessible, c'est de faire cesser le tsunami émotionnel lié à la représentation, au souvenir concret de la situation perturbante.

J'ai établi une frontière interne, que je souhaite la plus imperméable possible, entre mon moi conscient habituel, celui qui doit continuer à avancer et à vivre, et une partie de moi désormais inconsciente. « Cela n'a pas eu lieu, la preuve: je n'en ai aucun souvenir ».

Mais cette frontière interne rassurante entraîne cependant de nombreux inconvénients :

1) la partie en prison cherche à s'évader. Elle frappe à la porte dès que quelque chose de notre vie la réveille. Elle veut être reconnue et qu'on tienne compte d'elle, et des vérités dérangeantes qui la constitue.

   Cette pression interne nous met sous tension et, sans vraiment que nous sachions pourquoi, nous subissons des angoisses, des diarrhées, des fatigues, etc.

2) une des façons, pour cette partie interdite, de tenter d'être reconnue s'appelle la compulsion de répétition. Ce qui veut dire que je vais me remettre inconsciemment dans la situation qui m'avait tellement perturbé. On dirait presque un destin : répétition de situations où l'autre abuse de moi (pas forcément sexuellement), répétition de situations où je suis abandonné (de manière qui me paraît peu compréhensible), etc. Bref, ce que j'ai fui et enfoui me poursuit et me rattrape dans sa tentative d'être enfin vu, reconnu, et terminé autrement.

3) Enfin si le refoulement réussit à « oublier la situation », par contre le trouble lié à cette situation ne disparaît pas facilement. Si je peux oublier le souvenir, je peux difficilement contrôler les tensions internes et somatiques typiques de l'émotion. Une marque émotionnelle reste en arrière-fond et vient colorer mes ressentis, ma vision du monde.

Bref, le cœur de tout cela c'est la gestion de l'affect. Si je n'avais pas si peur de retrouver en moi ces bouleversements, alors je pourrais m'approcher de ce qui a été refoulé, et le traiter désormais avec mon psychisme adulte, lui-même appuyé en sécurité sur le psychisme du thérapeute qui m'accompagne dans cette aventure.

LA PRATIQUE THERAPEUTIQUE

AVANTAGES

De ce fait, approcher ensemble de l'émotionnel le plus enfoui présente beaucoup de conséquences positives :

1) La personne ressent de moins en moins la crainte de s'approcher des zones douloureuses ou perturbantes. Accoutumée progressivement à suivre la voie de son émotionnel, elle éprouve moins la peur de voir enfin ce que, jusqu'à présent, elle s'efforçait de mettre de côté.
2) Le chemin vers l'émotionnel profond étant parcouru ensemble, en alliance avec le thérapeute, la sécurité pour s'y aventurer devient plus grande. La confiance en soi et dans la relation s'installe, entraînant la possibilité d'envisager des solutions nouvelles
3) la personne découvre que sa vulnérabilité émotionnelle, loin d'être une faiblesse dans la relation, et sous réserve d'être contenue, amène une profondeur d'échange qui favorise l'intimité et le partage humain. J'en ai parlé dans le livre le Cœur Métamorphe, que vous pouvez consulter en intégralité sur le site aire-psy.fr
4) enfin, elle peut aussi, désormais, se sentir plus tranquille lorsqu'elle se met en lien avec ce qui veut se dire en elle-même. L'émotion, crainte auparavant, retrouve tout au contraire son rôle de boussole et d'indicateur fiable. La personne écoute plus aisément ses diverses voix intérieures, leur permettant de s'exprimer et d'être entendues. Celles-ci ne devront plus se trouver contraintes de se faire entendre par des symptômes. L'aisance émotionnelle rend les frontières internes plus poreuses.

Dans cette veine-là, il y a trois « passe-frontières », tout à fait utiles lorsqu'on cherche à se connaître et à comprendre ce qui s'agite en nous-mêmes : l'émotion, les images, l'altération corporelle. Nous y reviendrons.

PRATIQUE CONCRETE

Par conséquent, le ou la thérapeute, avant toute autre intervention, aura pour tâche de favoriser le lien émotionnel entre soi et soi, et plus tard entre soi et l'autre. Par là-même s'instaurera une alliance forte, propice à tous les changements.

Encore une fois, évidemment, se rappelle à nous un leitmotiv: l'aidant ne pourra accompagner l'autre vers l'émotionnel douloureux ou perturbant que si lui-même se révèle à l'aise avec cela, ayant personnellement auparavant parcouru ce chemin-là, effectué ce travail intérieur indispensable (et, je le rappelle, indépendant des connaissances universitaires ou des savoir-faire techniques). Une fois posé ce rappel, voyons comment s'y prendre en pratique.

Technique

Il s'agit d'aider dans trois directions :

- la différenciation entre les vécus émotionnels
- l'identification de l'émotion prioritaire durant ce moment-là
- la mise en sens de ce qui veut se dire (quelle partie de soi-même cherche à s'exprimer)

Et les moyens seront de quatre ordres :

1) Les questions adéquates, centrées sur l'émotionnel
2) la participation émotionnelle intérieure du thérapeute, en SA2, qui évitera ainsi que ses questions soient vécues comme intrusives
3) l'utilisation de métaphores, pour permettre que les images viennent favoriser les étapes nécessaires et progressives dans la marche vers soi-même
4) éventuellement des pratiques complémentaires destinées à favoriser l'identification du vécu émotionnel (le QCM, le recours au tiers extérieur supposé)

Voyons des exemples

Voici une femme de 35 ans qui souffre de maux divers : angoisses, pleurs sans raison, douleurs à type de fibromyalgie. Elle dit :

- *j'en ai marre, je suis fatiguée de toujours tout faire à la maison*

Sa thérapeute répond :

- ça fait quoi de se sentir obligée de tout faire à la maison ?
- *C'est un peu comme si j'étais l'esclave, ou la bonne chargée de satisfaire tout le monde*
- et on se sent comment quand on est la bonne, comme ça ?
- *Ben... une sorte d'objet utile, et pas une personne humaine*
- N'être qu'un objet utile ça suscite quelle émotion ?
- *Je ne sais pas vraiment*
- est-ce que ce serait : de la tristesse, de la colère, de la peur, du dégoût, par exemple ? (QCM, question à choix multiple destinée à différencier les vécus émotionnels internes)
- *peut-être de la colère ?*
- Peut-être de la colère ; mais encore ?
- *Ou de la tristesse*
- de la tristesse ? Ce serait comme si quoi ? (Passage par la métaphore)
- *comme si j'étais un rien du tout, qu'on regarde à peine malgré ses efforts*
- et ce rien du tout ressent quelle émotion ?
- *Pas le droit de vivre, pas le droit d'être aimée*
- ça fait quoi de ne pas avoir le droit de vivre, pas le droit d'être aimée ?
- *... silence... du désespoir !...*
- Comment se dirait ce désespoir ?
- *« Si c'est ça, autant mourir »... elle se met à pleurer*
- une partie de vous se sent désespérée au point de ne plus avoir envie de vivre (la thérapeute est elle-même dans sa propre danse de gémellité, et sa façon d'accompagner fait donc sentir à la personne qu'elle comprend vraiment ce désespoir et ce quasi désir de mourir).

On notera les points suivants :

Partis du constat initial, marre de tout faire à la maison, on arrive à un vécu émotionnel de désespoir. Cela commence à éclairer le sens de ses symptômes.

Cette descente progressive vers ses propres enfers présente les atouts suivants :

1) il ne suffit plus de sortir du rôle de « bonne à tout faire », non reconnue dans ses efforts. Il s'agit désormais de s'occuper de son désespoir

2) ceci intensifie la motivation pour s'en sortir. Un peu comme le coup de pied qu'on donne au fond de la piscine pour éviter de se noyer

3) le problème, placé à ce niveau, peut amener des lectures nouvelles et fertiles. On pourrait découvrir par exemple :

    o je ne suis aimée que si je suis utile, c'est pour ça que je me dois de tout faire

    o je dois faire passer les besoins des autres avant les miens

    o Il faut que je m'oublie et que j'oublie les cris de manque et de souffrance qui sont en moi (et du coup ceux-ci se transforment en symptômes)
    o etc.

4) cette façon de voir en face son désespoir va permettre la suite de la séance qui s'articulera autour de thèmes comme :

    • qu'avez-vous tenté jusqu'à présent pour « faire avec » tout ça ? (sachant que ces tentatives n'ont pas abouti et ne sont donc pas à reprendre)

    • que faire différemment désormais pour cette partie désespérée ?

CAS PARTICULIERS

<u>Discours opératoire</u>

Il peut arriver que la personne soit tellement protégée de tout émotionnel, qu'on doive du coup adapter notre façon d'aider.

Exemple : cet homme de 50 ans, expert-comptable, dont tout le discours est centré sur des faits extérieurs, dénués d'affect, malgré des symptômes importants pour lesquels il consulte (particulièrement des échecs amoureux et sexuels)

- *je vis seul et je ne sors jamais. Heureusement qu'il y a mon travail et ma télévision.*
- Qu'est-ce qu'on ressent quand on vit seul ainsi ?
- *Rien. C'est la vie. C'est comme ça. Mon appartement est grand et confortable.*
- Oui, vous ne ressentez rien et vous vous dites que c'est ainsi. Imaginons que quelqu'un d'autre explique sa situation dans les mêmes termes, une de vos relations par exemple, qu'est-ce que ce quelqu'un d'autre ressentirait ?
- *Peut-être un sentiment de vide*
- et ça lui ferait quoi d'être dans ce vide ?
- *Je ne sais pas*

on pourrait poursuivre par

- une tentative de métaphore : « ce serait comme si quoi ? ». Exemple : comme un condamné à résidence, pense silencieusement la thérapeute

- ou bien par un QCM : « cela pourrait être de la tristesse, de la peur, de la colère, du ras-le-bol ? »

Bien entendu, dans l'hypothèse où cet homme resterait campé sur le thème « rien ni personne ne ressent quelque chose », il reste à la thérapeute à sentir en elle-même, avec bienveillance , ce qu'elle éprouverait dans cette situation :

tristesse, solitude, vide, etc. Son travail intérieur la préparera à saisir les reformulations adéquates, pour aider le chemin vers l'émotionnel interdit, lorsque celles-ci le permettront au détour de quelque phrase. Mais il est probable qu'alors elle utilisera, dans les séances suivantes, un autre passe-frontière le recours aux images. En l'occurrence le travail avec les métaphores.

<u>Emotion racket</u>

Autre cas un peu délicat, la personne qui ne connaît qu'une seule émotion. Une émotion qui surgit à la place de toutes les autres. Ce que, en A.T., Analyse Transactionnelle, on appelle « l'émotion racket ». Exemple : quoi que soit ce qui lui arrive la personne ressent toujours la même émotion. On la quitte, elle pleure de tristesse. On lui marche sur les pieds, à la place de la colère elle pleure de tristesse. On lui fait un cadeau, à la place de la joie elle pleure de tristesse (pensant peut-être à tous ceux qui ne peuvent pas recevoir cela), etc. Cette émotion-masque présente deux désavantages :

1) la personne ne peut pas discriminer vraiment ce qui se passe en elle et donc ne peut pas adapter ses actions en fonction de sa boussole interne

2) le risque d'être mal comprise relationnellement amènera malentendus et souffrances

Face à cela, et à son ressenti interne lui indiquant qu'il y a erreur d'aiguillage, la thérapeute tendra la perche pour rechercher et identifier les autres émotions :

- et sous la tristesse, quelle émotion pourrait-il y avoir?
- Quelqu'un d'autre ressentirait quoi, dans cette situation ?
- Quels sont vos signaux corporels dans la situation que vous décrivez ?

CONCLUSION ET RESUME

Il est évident que cette carte, comme d'ailleurs toutes les autres, n'épuise pas la question et mériterait de longs développements, assortis de cas cliniques. Mais sa fonction étant celle d'un aide-mémoire, je résumerai donc cette pratique :

Résumé

L'émotion, un des passe-frontières permettant d'aller vers l'essentiel de soi-même, conduit à la nécessité thérapeutique de passer par ce canal. Ceci se met en œuvre par :

✓ des questions pour l'accès au monde des émotions internes

✓ la position du thérapeute en SA2 afin d'éviter que ces questions prennent une allure intrusive (le lien entre les deux personnes amène la bienveillance mutuelle)

✓ l'utilisation de métaphores, favorisant les étapes indispensables dans cette recherche de l'émotion-racine

✓ si c'est nécessaire, le recours à des pratiques complémentaires permettant l'identification du vécu émotionnel (le QCM, le « tiers extérieur supposé »). La ténacité est bienvenue dans cette recherche.

<u>du côté du thérapeute :</u>

✓ nécessité d'avoir effectué un travail personnel (par exemple en stages) pour disposer d'une aisance avec tout son propre monde émotionnel

✓ il doit se permettre d'aller loin dans sa propre émotion similaire à celle du patient, sans se sentir cependant trop débordé (une part émue, une autre au contrôle)

Et comme à l'accoutumée, je finis sur une phrase qu'on pourrait retenir :

« La peur infantile d'émotions destructrices m'a conduit à me couper d'une part de moi-même. Ma tâche adulte c'est de me réunifier, en allant affronter le dragon ».

CARTE ORANGE 04. POSITION HAUTE THEORIE

DÉFINITION

« La position haute, dans l'interaction, est celle d'une personne qui se considère, ou qui est considérée, comme disposant de ressources supérieures à celles de l'interlocuteur, en fonction desquelles elle aura une parole plus importante, ayant plus de poids ».

Il peut s'agir par exemple d'un parent vis-à-vis d'un enfant, d'un enseignant face à un enseigné, d'un supérieur hiérarchique, etc. Bref tout ce qui laisse entendre à l'un que l'autre occupe une place plus élevée.

HISTOIRE

Rappelons-nous, pour bien comprendre de quoi il s'agit, le fait que durant toute notre enfance nous nous trouvions entouré, encadré, dirigé, par des personnes plus puissantes et plus informées que nous. Cette expérience, étalée sur tant d'années, nous a laissé deux empreintes :

1) la soumission à l'autorité (comme dans l'enfance)

2) la révolte contre l'autorité (comme dans la phase du Non, ou à l'adolescence,)

Ces deux attitudes présentent toutes deux leur valeur et leur richesse en fonction du contexte.

Ainsi reconnaître l'autorité morale que représente un enseignant nous permettra de progresser dans notre savoir.

Mais aussi refuser une loi inique, et se révolter contre elle, relève de notre potentiel humain.

Comme souvent, pour ne pas dire presque toujours, nous disposons donc de deux leviers antagonistes, présentant chacun leur fonction. Veille–sommeil, système sympathique (qui accélère), système para sympathique (qui freine), Soumission – Révolte, etc.

Toutefois, là encore, chacun des deux leviers risque de se voir mal utilisé et de conduire à des résultats catastrophiques.

SOUMISSION A L'AUTORITE

1) par exemple les fameuses expériences de Stanley Milgram sur la soumission à l'autorité : 60 à 70 % des gens se révélaient capables d'obéir à des ordres terribles, tels qu'infliger des chocs électriques mortels, pour peu que des conditions adéquates aient été réunies: une autorité forte, des ordres précis et limités, des successions de petites actions emboîtées, etc.

Je vous laisse le soin d'aller voir sur Internet comment ont été mises en place ces expérimentations. De toute façon, même en dehors de ces expériences, on constate sans difficulté que des régimes autoritaires, ou des gourous utilisant le pouvoir des groupes, peuvent amener des gens lambda aux pires excès.

À vrai dire, il s'avère souvent plus aisé d'obéir que de désobéir. L'enfant en nous prête le flanc aux manipulations, surtout lorsque notre adolescence ne nous a pas conduit à de virulentes oppositions.

On n'oubliera pas non plus toutes les études qui montrent le pouvoir manipulatoire des « premiers engagements progressifs ».

2) Dans ce même registre, les expériences de Stanford, menées par Philip Zimbardo, font penser que les rôles dans lesquels nous sommes placés induisent des comportements qui peuvent devenir extrêmes. Sans aller jusqu'au scandale des comportements des geôliers à Abou Graïb vis-à-vis de leurs prisonniers, on peut

aisément constater que toute position d'autorité peut dériver en situation d'abus de pouvoir.

<u>Autres exemples</u>

Avant de conclure cette partie voyons quelques exemples dans lesquels la position haute de l'un des deux interlocuteurs amène des conséquences négatives.

- Exemple : on rencontre parfois un enfant intelligent présentant de très mauvais résultats scolaires par le simple fait qu'il refuse de « ne pas savoir » et donc de devoir **apprendre de quelqu'un plus avancé que lui**. « Je sais, je sais » dit-il en se précipitant sur ce qu'il croit savoir, tout seul et par lui-même, se privant ainsi de la possibilité d'apprendre et de progresser. Entre nous soit dit, on peut retrouver cela chez certains adultes en formation !

- Autre exemple : lorsque quelqu'un suscite notre admiration, pour ce qu'il sait faire, pour ce qu'il présente comme tel ou tel trait de caractère, etc. nous risquons d'éprouver en nous deux tendances opposées. L'une consistera à le prendre pour modèle et à goûter une certaine gratitude pour le chemin qu'il nous indique ainsi. L'autre réveillera la rage et l'Envie, associées au désir de détruire cet Autre censé être plus puissant que nous-mêmes. À un niveau plus simple, il suffit de voir que les stars peuvent susciter des fans enthousiastes, mais peuvent aussi déclencher une haine conduisant à l'agression contre eux, parfois même au meurtre.

- Dernier exemple : l'A.T. (Analyse Transactionnelle) démontre qu'une position Parentale de l'un suscite généralement la position complémentaire de l'autre qui réagira en Enfant Rebelle ou en Enfant Soumis. (cf. la vidéo n° 11 de ma chaîne Youtube Zoutis Psy) https://www.youtube.com/watch?v=I34k5g649j8

Combien de responsables trop « parentaux » se plaignent abondamment de leur entourage, des collaborateurs ou des subalternes trop passifs ou trop résistants. « Autour de moi il n'y a que de gens immatures et je dois tout leur dire et tout faire finalement ». Cette phrase ou ses variantes vous évoquera peut-être quelqu'un.

<u>En gros et en résumé</u> lorsque l'un des interlocuteurs est en position haute, on se heurte à trois risques pour le partenaire ; celui-ci va probablement :

- se soumettre, et perdre alors le sens de ses propres choix
- se voir éventuellement utilisé ou manipulé, subir un abus de pouvoir
- se révolter contre l'autre, et perdre alors la capacité de progresser grâce à lui

STRUCTURE ET POSITION HAUTE

Or ce qui va rendre vraiment délicate la relation entre le thérapeute et le patient, ou entre l'aidant et l'aidé, tient au fait que la structure même de la consultation favorise d'emblée un biais positionnel. En effet qu'est-ce que suppose celle-ci ?

- l'un se présente vulnérable, fragilisé, inquiet, un peu régressé inconsciemment à une faiblesse infantile
- sa demande d'aide, issue de cette position fragilisée, favorise la dépendance
- l'autre, nimbé d'une aura d'expert, induit (même sans le vouloir) une image de personne puissante et détentrice de clés salvatrices
- du coup le consultant l'attend plus ou moins dans un rôle médical (même s'il s'agit d'un coach, ou d'un accompagnant bénévole). « Docteur, dites-moi ce que je dois faire ».

En somme les éléments composant cette situation supposent d'emblée un déséquilibre des positions, et mettent le thérapeute en position haute.

Quel mal y a-t-il à cela ?

AVANTAGES

Bien des coaches diront que cette mise en place représente un atout, amenant implicitement une meilleure possibilité d'influence. La personne qui consulte sera prête à entendre des propositions d'actions, qui lui permettront de résoudre ce qui a provoqué sa prise de rendez-vous, et elle acceptera plus facilement de réaliser ces actions. Donc, vive ce déséquilibre induit par la structure de la situation, même si on devra le compenser par l'alliance et l'empathie !

En fait nous verrons d'une part que rien ne s'avère aussi simple que cela, car la résistance vient bien vite compenser la marche en avant. Et que d'autre part le choix de **permettre à la personne les retrouvailles avec ses propres capacités** suppose l'établissement d'un autre genre de positionnement dans la relation.

DANGERS

De plus la position haute est porteuse de biais et de dangers considérables. Voyons lesquels :

<u>Du côté du thérapeute</u>

1) placé ainsi, le thérapeute se heurte à une tentation : celle de se croire au-dessus de toutes ces difficultés existentielles et humaines dont il s'occupe. « C'est l'autre qui les vit et c'est moi qui le soigne » pourra devenir une idée au parfum entêtant, et servir à se conforter narcissiquement, et même à arrêter le travail sur soi-même.
2) on comprendra aisément que le thérapeute porte en lui, de toute façon du fait même du choix de ce métier, un fort désir Sauveteur. Qui ou quoi cherche-t-il ainsi à soigner ? C'est une question qu'il devra impérativement travailler, afin de passer d'une mission grandiose de Sauveteur avec un grand S à un travail pratique et concret de sauveteur (professionnel) avec un petit s. En effet, si l'équilibre psychique du thérapeute, ou du soignant quel qu'il soit, repose sur la nécessité de s'assurer de son brevet de Sauveteur, n'ayant détruit

ni sa mère ni son père ni son frère ou sa sœur, (dans ses fantasmes infantiles oubliés sous l'amnésie des premières années, ou rencontrés plus tard), alors on peut dire qu'il apparaît indispensable pour son propre équilibre que l'autre, le consultant reste fragile, dépendant, objet à soigner.

Ceci a été très bien étudié par la circulation des positions entre les trois pôles du triangle de Karpman : Victime – Sauveteur – Persécuteur.

La position haute rassurante a besoin que l'autre continue à se situer en position basse complémentaire.

3) on voit pointer le risque d'abus. La jouissance ou la réassurance donnée par cette position haute, puissante, censée placer l'aidant au-dessus de tous ces pauvres gens qui consultent, peut amener les dérapages dont on entend parler de ci ou de là : dérapages financiers, dérapages sexuels.

Toute la question du Transfert en psychanalyse explique bien ces dangers, dès lors que le psy n'accepterait pas de reconnaître ce fait frustrant : l'admiration ou l'amour à lui adressés ne le concernent pas vraiment lui-même en tant que tel, mais se rapportent à une figure parentale oubliée, vue à travers lui.

4) Enfin on ne peut négliger le renforcement de cette « recherche narcissique » par le biais actuel véhiculé par les réseaux sociaux. La mise en scène destinée à produire une belle image de soi, indemne de tares et de faiblesses, hautement admirable, se trouve portée à son comble par les « modèles de réussite » exhibés à tout propos sur le net. Pour le spectateur de tout cela, renvoyé à ses supposées incapacités, procrastination ou autre, il y a deux solutions : 1) se laisser abuser et croire ces chantres merveilleux, et donc parallèlement se sentir en déficit et en incapacité, puis courir derrière

la carotte mise sous le nez de l'âne, nécessitant de faire chauffer sa carte bleue ; 2) ou alors jouer soi-même la comédie du « tout me réussit, voyez comme je suis brillant ».

L'alternative, beaucoup plus humaine et réaliste, consiste à se connaître comme ombre et lumière, ambivalent plutôt que clivé, complexe finalement, comme le disent Edgar Morin et d'autres intellectuels.

<u>Du côté du travail thérapeutique</u>

- la position de « supposé sachant » amène le désir que le consultant aboutisse à ce qui nous paraît être **<u>LA solution</u>** adéquate à son problème. On voit toujours plus facilement pour l'Autre que pour soi, et plus vite.

- dans ces conditions la tentation c'est de le **<u>pousser</u>** vers cette solution

- qui dit pression dit généralement **<u>résistance</u>**, et l'aidant va constater que ses solutions ne sont pas appliquées, ou qu'elles le sont d'une manière biaisée, mal réalisée, n'amenant pas la transformation souhaitée

- Il va déployer alors de nouvelles tactiques pour pousser l'aidé vers la « bonne direction ». Et si ceci ne se réalise pas, il sentira en lui la tendance à étiqueter l'autre, à le voir comme pathologique et résistant, etc.

- Ou alors la pression engendrera la soumission. La personne appliquera les suggestions proposées, et celles-ci donneront des résultats… qui finalement se révèleront peu durables, même si sur le coup chacun des deux semblait satisfait.

<u>Du côté du consultant</u>

Du côté du consultant, voyons les risques de cette structure interactionnelle :

- être induit à une position infantile (et perdre confiance en ses propres capacités, s'en remettre aux capacités de l'aidant)

- faire sous l'influence de l'autre, ce qui entraîne la probabilité de ne pas s'approprier le changement, et / ou que ce changement ne tienne pas durablement

- résister à l'influence, sourdement ou non. Une des manières de résister consiste, par exemple, à aller plus mal, mettant ainsi ce brillant thérapeute devant son échec. Un jeu perdant–perdant.

CONCLUSION DE CES DANGERS

Cette position haute, d'une figure d'autorité, peut être souhaitable et nécessaire dans pas mal de cas (à l'armée par exemple). MAIS en psychothérapie, ou même simplement en accompagnement soignant, elle doit être évitée systématiquement. Sauf dans quelques cas particuliers, comme nous le verrons, raison pour laquelle il s'agit ici d'une carte orange et non d'une carte rouge.

Encore faut-il concevoir la thérapie comme découvrante et consacrée au changement (tel que je l'ai expliqué dans la vidéo n° 2 de ma chaîne Youtube Zoutis Psy https://www.youtube.com/watch?v=cJcLNsGx5X4). Et non comme une thérapie recouvrante poursuivant le souhait de recouvrir le symptôme pour le faire disparaître plutôt que d'en saisir l'intérêt évolutif.

BUT ULTIME DE LA CURE

Bref. Nous pourrions dire que la recherche thérapeutique, particulièrement en thérapie brève, se centre avant tout sur une évolution identitaire (même très minime). Celle-ci se met en place avec les pièces du puzzle suivant :

1) soutenir la réalisation des changements, intérieurs ou extérieurs, amenant le consultant à sortir de ses symptômes et traumatismes, en les ayant écoutés, reconnus, terminés et soignés

2) l'expérimentation de ces premiers petits changements suppose que la personne découvre de nouvelles façons de voir et de faire, grâce à la découverte de nouvelles capacités auparavant mises en sommeil

3) ce qui suppose qu'elle puisse s'approprier elle-même ces capacités nouvelles et le changement qu'elles entraînent

4) et pour permettre ce mouvement d'appropriation le thérapeute devra se situer dans un juste positionnement et se donner pour tâche prioritaire de :

   a) favoriser cette découverte de nouvelles capacités
   b) agir pour l'appropriation de celles-ci par le patient
   c) du coup les changements libérateurs qui s'ensuivent seront vécus comme instaurés par la personne elle-même
   d) il en découlera une légère modification identitaire car l'appropriation de ces capacités auparavant négligées, ignorées, ou refusées amènera désormais une autre façon de se voir soi-même
   e) cette modification identitaire permettra que le changement opéré et les capacités découvertes restent des acquis stables dans le temps

En résumé : pour qu'un changement durable s'installe, il faut que la personne ait pu se découvrir autrement (dotée de nouvelles capacités) ; qu'elle intègre alors une nouvelle vision d'elle-même. Pour ce faire, elle aura dû s'approprier les solutions nouvelles et la compréhension qui en résulte. La thérapie ne se révèlera utile que si ce chemin d'appropriation a pu se vivre. Et celui-ci dépend principalement du positionnement du thérapeute, basé sur l'évitement de la position haute.

Mais comment faire cela, concrètement ?

---

1) Comment se libérer de l'attente de la personne qui consulte lorsqu'elle nous incite, parfois très clairement, à lui donner les suggestions et les conseils qu'elle souhaite recevoir ?

2) Comment permettre au consultant de découvrir et de s'approprier de nouvelles capacités , sans utiliser pour cela la suggestion, l'interprétation, le conseil, etc. ?

3) Dans quel cas une position haute sera-t-elle malgré tout nécessaire ?

C'est ce que nous allons voir dans une carte suivante ; consacrée aux modalités concrètes. Après avoir développé ici les bases explicatives du danger de la position haute, nous mettrons en lumière les actions nécessaires, pour que l'aidant permette à l'aidé de découvrir et s'approprier le chemin nécessaire et les capacités nouvelles qui en découlent.

Et comme à l'accoutumée, je propose une phrase à mémoriser :

« Trop installé dans le rôle de Sauveteur, j'induis que la personne reste dépendante et infantile ».

CARTE ORANGE 05. POSITION HAUTE INTERACTIONS

Après le chapitre donnant des explications théoriques quant aux inconvénients de la position haute, voyons donc ce qu'il en est de façon plus concrète.

Pour exposer ces éléments je choisis de me baser sur les thérapies brèves.

Je dirais juste un mot sur la TBSI, Thérapie Brève Self Inductive. Cette TBSI présente la caractéristique d'amener des résultats : 1) très importants et même parfois spectaculaires, 2) durables, et 3) dans un temps très bref de quelques séances. **Tout ceci est donc possible et prouvé par l'expérience**. Elle est nommée « Self Inductive » signifiant qu'elle « induit » chez le consultant, sans aucune suggestion, la découverte des capacités qui lui permettront de se fier à son propre Self, sa boussole interne.

Voyons ce qu'elle nous apprend sur le positionnement du thérapeute, et ici sur la question de la position haute.

LES BUTS

Quels sont les buts d'une thérapie efficace :

1) Le but n'est PAS de donner les solutions aux patients, le but c'est qu'il **découvre** la solution nouvelle dont il a besoin, et donc qu'il puisse alors s'approprier celle-ci.

En se l'appropriant il débouchera sur une **nouvelle capacité** personnelle, non explorée auparavant.

Cette nouvelle capacité amènera par conséquent une **autre**

façon de se voir lui-même et donc, si l'on veut, une évolution identitaire.

Cette **évolution identitaire**, touchant le cœur même de la façon de se voir et de se comporter, entraînera par conséquent un maintien et une stabilité de la capacité nouvellement découverte.

La thérapie, bien que brève, débouche ainsi sur un **changement durable**.

2) Le but n'est PAS de donner des interprétations ou des explications, le but c'est que le patient puisse découvrir ses interprétations et explications, et donc se les approprier. En se les appropriant, il débouchera sur une meilleure compréhension de lui-même et de sa façon d'être au monde.

3) Le but n'est PAS que le thérapeute devienne un pilier de soutien et de consolation, le but c'est que le patient découvre comment il peut développer en lui-même une partie soutenante et consolante. Ainsi pourra-t-il, même en dehors de la présence du thérapeute, se soutenir et se consoler lorsque ce sera nécessaire. Il aura découvert et développé un bon Parent interne.

4) Le but n'est PAS que le thérapeute dise ou signifie ce qui est bon et ce qui est mauvais, ce qu'il faudrait faire et ce qu'il ne faudrait pas faire. Le but c'est que le patient découvre l'accès à sa boussole interne qui lui indiquera les jugements qu'il s'agit de porter sur tel ou tel choix dans sa vie.

APPROPRIATION

On peut observer tout d'abord, dans les quatre points indiqués ci-dessus, que la clé fondamentale se dit en un mot: **appropriation**. Le patient qui se sera approprié les nouvelles solutions, les nouvelles attitudes, les nouvelles capacités, les nouvelles façons de voir, gardera un résultat durable après ses séances de thérapie brève.

Or s'approprier quelque chose suppose que l'on ait fait la démarche nécessaire pour cela. Pensons à l'adage indiquant que la liberté doit se conquérir et non simplement être reçue de quelqu'un.

En tout cas, dans le domaine qui nous occupe, l'appropriation par le client vient en contrepoint d'une attitude spécifique de l'accompagnant, permettant ce chemin vers soi-même. Cette attitude se résume en une phrase choc dont je crains qu'elle vous heurte ou suscite vos réticences. La voici :

**« Tout ce que je donne à l'autre,
je l'empêche de le trouver »**

Si vous lui donnez la solution qui semble être la meilleure, alors quand il s'approchera de celle-ci, et de ce que cela suppose comme comportements nouveaux, il ne pourra pas savoir s'il choisit cela parce que VOUS lui avez indiqué, ou alors parce que lui-même pense que c'est effectivement ce qu'il faut.

Si vous lui donnez une brillante explication, alors lorsqu'il y pensera seul avec lui-même, il ne pourra pas savoir si cette idée lui vient parce que VOUS lui avez donnée ou bien parce qu'elle aurait pu en effet être trouvée en lui-même.

Si vous avez une attitude très consolatrice et activement soutenante, alors il risque bien de ne pas découvrir qu'il aurait pu trouver ses forces de soutien en lui-même. Etc, etc...

On constate une très grosse différence entre « donner » (des conseils, des interprétations, du soutien, des jugements, des ordres) ou favoriser le fait que la personne « trouve » tout cela par elle-même avec votre aide. D'autant plus que tout ce que vous donnez risque fort d'être issu d'une position interne Parentale qui suscitera des résistances infantiles.

L'Enfant Soumis sera passif même s'il acquiesce, l'Enfant Rebelle s'efforcera de saboter ou de résister.

« Donner » parait plus rapide. Donner la solution permet qu'elle soit aperçue de façon plus rapide que s'il fallait la faire chercher. Et pourtant, avec les résistances que «donner» suscite, la rapidité se révèlera nettement moins présente que prévu. « Hâte toi lentement » nous dit le proverbe.

NE PAS FAIRE

Les « buts » exposés plus haut soulignent deux aspects : le non souhaitable, et le souhaité. C'est-à-dire d'un côté ce qui freine ou empêche la voie vers l'appropriation, et d'un autre côté ce qui -tout au contraire- doit être recherché.

Cela donne deux directions de travail (ne pas faire, et faire) qui correspondent à deux « cartes » différentes, celle d'aujourd'hui : ce qu'il faut éviter, et une prochaine : les façons de faire.

Une source de confusion vient du point suivant : ne pas se situer en position **haute** ou directive ne signifie PAS pour autant se priver d'une position **active**. En effet, nous l'avons vu dans la carte reformulation, le thérapeute en thérapie brève doit être très présent, attentif, actif. Question : comment être actif, sans être perçu comme directif ?

La principale façon de résoudre ce dilemme se trouve dans le positionnement intérieur du thérapeute. Il ne s'agit pas d'appliquer des « trucs de communication » car le positionnement intérieur du thérapeute transpire malgré lui, en particulier à travers tout son non-verbal (ton de voix, position du corps, style de contact visuel, etc.). Si l'accompagnant applique des « trucs » de communication, les réactions de l'interlocuteur fourniront de bonnes indications sur ce qui se passe. En effet ces réactions s'adressent plus à la personne et à son positionnement intérieur qu'à sa communication apparente.

Ceci est bien connu et je ne le développerai pas plus ici.

Toutefois même en le sachant, comment bien s'en rappeler ?
Peut-être avec la phrase suivante comme moyen
mnémotechnique :

**« la réaction de l'autre m'informe sur la teneur
du message que j'ai envoyé »**

Exemple : je dis quelque chose qui me semble calme,
objectif, bienveillant et l'autre me répond avec colère ! Hé
bien il est possible que ma communication comportait
implicitement de l'agressivité.

Même s'il ne s'agit pas d'une règle universelle, car l'autre
possède aussi son propre filtre, elle se révèle souvent très
utile.

Donc comment ne pas se placer en position haute ?

Une façon de comprendre et de percevoir l'enjeu consiste à
repérer tout ce qui est plus ou moins Parental dans la
communication. Le Parent, en A.T., l'état du Moi Parent
(fortement stimulé par la structure même de la situation de
consultation, comme je l'ai indiqué dans la carte précédente)
suppose des attitudes et interventions en position haute. En
effet le Parent :

- critique ou félicite, porte des jugements (« c'est bien,
  c'est mal »). JUGEMENT
- dit ce qu'il faudrait faire ou ne pas faire (« il faudrait... tu
  devrais... »). CONSEILS . ORDRES
- se base sur des repères idéologiques (il propose son
  interprétation du monde). INTERPRÉTATION
- se doit d'intervenir :
    - soit pour aider, consoler. SOUTIEN
    - soit pour donner un coup de pied au cul.
      PRESSION / CRITIQUE
- et pour « intervenir », il a besoin de savoir tous les
  tenants et aboutissants, ce qui le conduit à questionner
  d'une façon soutenue et volontiers intrusive. QUESTIONS

Toutes ces tentations guettent le thérapeute qui n'aurait pas saisi l'intérêt de renoncer à être Parental, et donc d'éviter ce genre de message.

Rappelons qu'il est question ici d'un positionnement parental **INTERNE**. Pour éviter d'y souscrire, je trouve intéressant de s'appuyer sur deux idées fortes :

1) **respecter le symptôme**. En effet, il présente une valeur réelle : c'est le messager d'une partie de la personne qui consulte, partie qui possède sa validité et ses richesses mais qui, pour le moment, se trouve interdite d'expression

2) savoir que toute personne est **riche de capacités** et de possibilités ; et qu'il s'agit donc avant tout de l'aider à découvrir celles-ci.

Ces deux points (et d'autres que nous verrons dans d'autres cartes) évitent la plupart des tentations de position haute, lorsqu'ils ont été compris et intégrés.

CAS CLINIQUE

Pour illustrer ceci, voyons un cas clinique. Léa, 28 ans, consulte pour des difficultés dans la relation avec son conjoint. Ils sont mariés depuis deux ans, et n'ont pas d'enfants.

Les tensions, importantes dans le couple, se manifestent par des conflits fréquents, un refroidissement sexuel, des angoisses, etc. Il apparaît que le couple vit dans une aile de la maison de la grand-mère maternelle de Léa, et que cette grand-mère l'a élevée depuis sa toute petite enfance, l'enlevant au milieu familial d'origine. Or cette grand-mère rentre régulièrement et sans frapper dans la partie où habite le jeune couple : elle met de la nourriture dans le frigo, elle apporte des vêtements ou autres. La porte séparant les deux espaces de la maison, partie de la grand-mère et partie du couple, ne dispose pas de clé permettant de la fermer.

Il arrive qu'un problème apparent se résolve dès lors que se trouve réglé un autre problème, annexe , qui semble secondaire. C'est le cas lorsqu'il s'agit de frontières mal assurées, trop poreuses ou trop imperméables. Généralement elles se répondent terme à terme : à une frontière trop poreuse d'un côté (ici la frontière vis-à-vis de la grand-mère) répond une frontière trop imperméable de l'autre côté (ici la frontière entre les deux membres du couple, qui devient trop imperméable, amenant distanciation et refroidissement).

Dans la consultation avec Léa voici les tentations pour le thérapeute :

1) <u>donner la solution</u>

plusieurs solutions viennent immédiatement à l'esprit. On pourrait suggérer à Léa de

- installer un verrou sur leur porte

- prendre un temps pour expliquer son ressenti à la grand-mère

- demander au mari d'intervenir comme tiers séparateur (d'autant plus que lui-même supporte mal cette situation)

- déménager tous les deux, dans un appartement à eux

Toutes ces idées intéressantes et probablement pertinentes présentent cependant deux inconvénients : 1) elles sont issues du thérapeute et peuvent ne pas correspondre au souhaitable ou faisable pour Léa ; et 2) surtout elles n'ont pas encore été trouvées par Léa elle-même, qui pourrait alors réellement les appliquer après se les être appropriées. Or si le thérapeute, ou le coach ou l'accompagnant, en position haute, cherche à lui « vendre » une de ces solutions, il constatera des réactions de frein : « je ne peux pas lui faire ça », « elle est si bonne », « ça la tuerait », ou bien « elle se mettrait terriblement en colère », « je suis tellement importante pour elle ».

Le thérapeute mal positionné s'énervera intérieurement, peut-être même des étiquettes psychopathologiques lui viendront-elles à l'esprit (accrochage à la passivité, fixation infantile, déficit d'affirmation, etc.). Il essayera de « faire comprendre que c'est la solution » , ou bien il tentera de pousser à l'action. Et cette action ne sera pas réalisée («résistance, résistance...» se dit alors le thérapeute). Ou bien, mal faite, elle amènera des drames ; Léa mal positionnée induira des réactions très émotionnelles chez la grand-mère, etc.

2) <u>donner des interprétations</u>

face à cela, face à la supposée résistance, le thérapeute en question peut opter pour une autre intervention en position haute. Il va y aller de son interprétation. Il montrera à Léa par exemple que :

- o elle reste une enfant craintive comme quand elle avait cinq ou 10 ans

- o elle veut montrer à sa grand-mère que celle-ci a bien fait de l'élever

- o elle veut secrètement être protégée du lien intime avec son mari en privilégiant le lien avec la grand-mère

- o etc., etc.

là encore, le thérapeute cherche à donner du sens à partir de ce que lui-même pense avoir trouvé, et non à permettre à la patiente de découvrir ce qui se trame en elle. Une des tentations des thérapeutes peu expérimentés c'est de transmettre ce qu'on appelle des «interprétations sauvages». Celles-ci peuvent être justes, mais elles n'ont pas été approchées lentement par le passage de l'inconscient au préconscient puis au conscient. Donc, soit elles font effraction, soit plus généralement elles suscitent des résistances farouches (la patiente se dit : « quel barjo ce psy avec ses idées farfelues ! »).

3) <u>**Faire du soutien, des investigations, poser des jugements**</u>

Le thérapeute découragé devant ces supposées résistances (Milton Erickson dirait très clairement qu'elles ont été suscitées) peut se résoudre, s'il ne consulte pas son superviseur, à d'autres types d'interventions :

- Passer les séances en soutien de la personne en difficulté, lui donner essentiellement sa bienveillante compréhension maternelle ou paternelle
- Se mettre à poser des questions investigatrices afin de « comprendre » enfin
- Poser des jugements au détour de la conversation, indiquant ce qui est bien ou mal, ce qu'il faudrait faire ou ne pas faire

Sans détailler ici toutes les interventions possibles, l'essentiel est de comprendre la tonalité de ce genre d'échange.

La question se pose alors : « Comment faire ? ». En fait il s'agit d'adopter des formulations spécifiques qui éviteront systématiquement de mettre en avant le thérapeute et ses idées. Nous verrons cela au fur et à mesure des cartes.

QUAND EST-CE INDIQUE ?

Mais comme il s'agit ici d'une carte Orange et non d'une carte Rouge, il faut admettre que dans certains cas la position haute parentale se voit indiquée et nécessaire.

Dans quels cas ?

Toutes les situations indiquant que le consultant semble vraiment trop débordé par ce qui se passe, son propre contenant psychique « troué » par la violence de l'angoisse ou des fantasmes qui l'agitent.

Lorsque la situation présente des angoisses insupportables, des fantasmes et pulsions trop difficiles à contenir, on se trouve face à un risque de somatisation ou de passage à l'acte.

Fréquemment, le « pas de porte » , juste au moment où le consultant est sur le point de partir, amène des interactions délicates à gérer.

Exemple de pas de porte

-   « Dites-moi si je suis en train de devenir fou ? » dit le patient très inquiet, la main sur la poignée de la porte

Bien sûr on aura travaillé durant la séance à dégager deux parties intérieures : l'une qui se sent devenir folle, l'autre qui essaie de la rassurer et de la contenir mais qui se trouve encore trop faible. On pourra éventuellement dans ce cas, et d'une façon non systématique, répondre quelque chose comme :

-   « Vous craignez de devenir fou, mais ce n'est pas ce qui se passe. Il s'agit seulement d'apprendre à gérer cette peur et ces fantasmes »

-   « Dites-moi si je dois quitter mon mari ! »

-   « C'est une question importante qui vous tracasse et dont nous allons parler de nouveau. Pour le moment ne faites rien et attendez qu'on en ait parlé »

-   « Je ne vais jamais pouvoir tenir jusqu'à la prochaine séance, je suis trop angoissé »

-   « Vous craignez de ne pas pouvoir contenir cette angoisse. Je vous suggère d'écrire toutes vos pensées affolantes et qu'on en reparle encore ensemble à la prochaine séance »

Comme on peut le constater le thérapeute n'ayant pas le temps de prolonger la séance, et sensible à l'affolement ou bien au risque de passage à l'acte, adopte alors une attitude parentale bienveillante, solide, et tranquille, en phrases courtes et sans développer. Mais son but reste que dans les prochaines séances le patient puisse trouver en lui-même l'appui sur son propre Parent interne.

Exemple de demande initiale

- « Docteur j'attends des conseils et des suggestions de votre part »

Dans cette situation relativement courante on évitera, bien entendu, de souscrire à cette demande, mais on proposera quand même activement quelque chose

- « Oui, ça se comprend et nous avons tous ce désir que quelqu'un nous dise précisément ce qu'il faut faire. Mais en thérapie telle que je la propose, il est tellement plus puissant et efficace de trouver ensemble les solutions utiles. »

Exemple concernant le cadre

On peut se dire que le thérapeute se situe automatiquement en position haute dès lors qu'il pose les règles du cadre : durée de la séance, rythme des séances, lieu où elle se déroule, etc. Autant de choix imposés.

Une façon d'éviter les risques de résistance que susciterait le sentiment d'être soumis au bon vouloir du thérapeute c'est de préciser très clairement qu'il s'agit de « règles du jeu ». Règles auxquelles sont soumis les deux interlocuteurs !

Ainsi lorsqu'on veut faire une partie de tennis de table, les deux joueurs sont soumis aux règles du jeu, même si l'un des deux a beaucoup plus de pratique que l'autre. Le thérapeute doit donc faire comprendre que ces règles du jeu, proposées pour le bon déroulement de la thérapie, lui sont imposées à lui aussi ; par l'école de pensée et de pratique à laquelle il est affilié. Ainsi ne pourra-t-il pas faire changer la donne suivant son bon plaisir. Les deux sont embarqués dans une recherche balisée et ancrée.

et pour terminer je rappellerai donc la phrase à mémoriser, déjà indiquée plus haut :

« Tout ce que je donne à l'autre, je l'empêche de le trouver »

CARTE VERTE 06. LE POSITIONNEMENT JUSTE

Cette carte verte porte sur le « positionnement juste ».

Dans les deux cartes précédentes sur la position haute, vous aurez compris que celle-ci risquait d'amener des conséquences peu souhaitables :

1) susciter la résistance du consultant

2) empêcher l'appropriation des changements

A la télé certains coaches pratiquent avec virulence la position haute et la critique négative. Toutefois il faut comprendre que ces modèles ne s'appliquent pas au processus psychothérapique, dont le but est de permettre aux consultants une libération et une avancée dans la découverte de multiples capacités auparavant peu accessibles.

Nous allons voir ici le positionnement du thérapeute, ou de l'accompagnant, qui permet les avancées les plus spectaculaires par la rapidité et la profondeur du changement, et en même temps les plus durables du fait de la découverte de nouveaux aspects identitaires.

Au long des premières « cartes du thérapeute » il a été très peu question de techniques, procédures, méthodes ; et beaucoup du positionnement du thérapeute. Pourquoi une telle insistance ? Ne peut-on penser que posséder une méthode efficace se suffit largement ?

Ce raisonnement peut avoir sa validité dans certains

secteurs mais il ne s'applique pas dans ce domaine humain spécifique de la psychothérapie et plus généralement de tout accompagnement soignant.

Pourquoi ? Parce que dans cet espace relationnel les deux psychismes sont en interaction et s'influencent mutuellement. (Revenez éventuellement sur ce point, dans la carte SA2). La conséquence de cette pratique particulière dans laquelle l'observateur se situe aussi en tant que partie prenante, doit nous faire réfléchir sérieusement à la question du psychisme du thérapeute lui-même.

C'est ainsi que Carl Jung, le grand psychanalyste, a écrit ceci

« si l'homme de travers emploie un moyen juste, le moyen juste opérera de travers »

Si le thérapeute n'a pas suffisamment déblayé le terrain de ses propres névroses alors, aussi bon soit-il en connaissances théoriques ou en méthodologies diverses, les résultats ne seront ni très bons ni très durables.

Cette idée est choquante. Elle heurte en particulier tous les formateurs qui dispensent essentiellement des connaissances théoriques et des astuces pratiques. Certains des thérapeutes formés par eux seront très bons, et d'autres plutôt mauvais ou même très mauvais, tout en ayant pourtant reçu et appris les mêmes éléments, suivi le même cursus.

Il vient à l'esprit, bien sûr, cette comparaison, très connue : les mêmes graines jetées sur des rochers ou sur une bonne terre ne donneront absolument pas les mêmes fruits. La graine elle-même, aussi bonne soit-elle, ne donnera rien si elle n'est pas reçue et amenée à se développer dans une bonne terre, labourée, préparée, fertile.

Par conséquent vous comprenez pourquoi, avant de distribuer des bonnes graines techniques, j'insiste d'abord sur la préparation de la terre qui les recevra et les mettra en œuvre. Le futur thérapeute aura été labouré, préparé, fertile.

LE CHEMIN DU THERAPEUTE

Sur quoi devra donc porter la préparation du thérapeute ?
Sur trois points :

> 1) le travail personnel sur lui-même
> 2) la supervision
> 3) le lent apprentissage des nouveaux gestes techniques

1° Le travail personnel sur soi-même

A vrai dire, quand on se décide à devenir thérapeute, on doit savoir qu'il nous faudra tout autant nous libérer nous-mêmes que permettre aux futurs consultants de se libérer.

Le travail portera ainsi sur :

1) les filtres perceptifs à travers lesquels on voit le monde
2) les schémas et injonctions qui nous mènent à notre insu
3) l'aisance à fréquenter notre émotionnel interne et du coup à approcher
   - nos ambivalences (Docteur Jekyll et Mister Hyde en nous)
   - notre infantile douloureux (l'enfant intérieur, si présent même lorsque nous ne le voyons pas comme tel)
   - nos parties reniées, les aspects de personnalité dont nous nous sommes coupés
4) le développement d'un espace interne de traitement, permettant de saisir ce qui se passe en nous et de donner progressivement du sens à nos symptômes

Cela peut paraître un vaste programme. Et à vrai dire ça l'est, en effet. Mais il n'est pas nécessaire d'avoir TOUT réglé en soi-même car le travail du thérapeute, et le frottement avec tout type de difficultés humaines amenées en séance par les consultants, suppose de continuer aussi cet éclaircissement de nos zones sombres ou aveugles. Et ceci grâce à deux actions :

→ les découvertes amenées par les patients eux-mêmes qui parfois donnent des idées au thérapeute sur ce que lui-même devrait apercevoir, faire, ou changer en lui-même

→ les découvertes amenées par le superviseur qui, n'étant pas impliqué de la même manière dans le traitement de tel ou tel patient, permettra souvent au thérapeute d'apercevoir ce qui reste mal réglé en lui

2° La supervision

En effet un principe simple sert de repère : lorsqu'une cure patine c'est généralement que le thérapeute n'arrive pas à rejoindre son patient sur un terrain qui le met lui-même mal à l'aise.

Encore faut-il supporter de voir le superviseur (ou la superviseuse) comme un allié et un soutien, et non comme instance critique. Ce qui, là aussi, suppose d'avoir travaillé à accepter de devoir encore apprendre, découvrir, sans se sentir humilié.

Quelques rappels

Je ne m'étendrai pas plus longtemps sur toutes ces notions désormais bien connues. Cela mériterait un cadre de formation qui déborderait le but de ces « cartes du thérapeute ». Juste quelques mots qui vous rappelleront tout ceci. Ainsi :

→ le cheval et son cavalier ne font pas la même promenade (chacun voit à travers ses propres yeux)
→ la carte n'est pas le territoire (la représentation de la réalité n'est pas la réalité complète)
→ nous ne sommes pas tant affectés par la réalité des événements que par leur décodage et leur retentissement interne (Epictète et les stoïciens)
→ nous sommes soumis à notre insu par ce que l'A.T. (Analyse Transactionnelle) nomme des « drivers » qui colorent tous nos comportements :

DT. Dépêche Toi. Tout doit se faire vite

FP. Fais Plaisir. Fais passer les autres avant toi
FE. Fais Efforts. Pour réaliser quelque chose, il faut en baver
SP. Sois Parfait. Tu n'es à la hauteur que si tu es parfait
SF. Sois Fort. Ne montre pas tes émotions, ne leur donne pas de place

→ des schémas issus de notre enfance guident nos comportements et, au final, notre destinée. Ceci a bien été montré par la psychanalyse, et présenté d'une manière simplifiée et puissante par Jeffrey Young, psychologue américain. Nous avons tendance à guider notre vie à partir de sentiments fortement inscrits en nous lors d'expériences infantiles (abandon, instabilité, manque, honte, peurs diverses, etc.)

→ j'ai moi-même développé dans le livre « Le Cœur Métamorphe » l'idée d'un Bourreau Interne, ou SDI (Schéma Destructeur Interne). Livre intégralement consultable sur le site aire-psy.fr à la rubrique Lectures

→ d'autres, tels que Michaël Apter ont souligné comment nos états motivationnels variés expliquaient nos comportements contradictoires

→ enfin l'Ecole de Palo-Alto et Watzlawick ont brillamment démontré comment le « paradoxe » traverse nos vies et nos comportements, et entre autres comment

- la position basse est beaucoup plus efficace que la position haute

- la solution se trouve généralement à 180° de ce qui est cherché habituellement

tout ceci n'est pas très « logique » et pourtant c'est un éclairage fondamental sur ce qui se passe pour nous et dans nos vies.

En résumé on pourrait dire que ne pas avoir travaillé en soi-même ces divers aspects amène le risque non seulement de se leurrer soi-même (après tout, c'est notre droit) mais aussi de rater le travail thérapeutique que l'on cherche à réaliser, et là il s'agit déontologiquement d'un autre niveau !

Nous voyons au passage comment définir le titre de psychothérapeute en se basant sur les connaissances universitaires :

- sans qu'il soit question d'un nécessaire travail thérapeutique sur soi-même

- ni d'une nécessaire supervision durant tout un temps, et aussi lorsqu'une cure patine

montre une méconnaissance du législateur sur ce qu'est vraiment une psychothérapie.

Donc que vous soyez thérapeute ou accompagnant, vous aurez saisi l'intérêt d'avoir travaillé sur vos propres filtres, blocages, visions issues de vos schémas, réconciliation avec votre infantile, etc.

Et accepté qu'il ne vous suffit pas d'apprendre des techniques !

Cela peut paraître exigeant, mais en fait il s'agit là bien au contraire de la passion de se connaître soi-même tout autant que connaître l'Autre.

Heureusement toutes les écoles sérieuses non seulement permettent un travail sur soi-même lors de stages résidentiels mais aussi favorisent, lors de la sélection initiale, les personnes qui ont déjà fait du chemin et / ou qui sont prêtes à continuer celui-ci.

3° le lent apprentissage de la relation d'équivalence

ici, dans le cadre limité de ces cartes, je vais désormais mettre l'accent sur le troisième point

1) travail sur soi

2) supervision

3) lent apprentissage du positionnement juste

Nous allons aborder des points de repères techniques, ainsi que des formulations pertinentes dans l'interaction avec le patient. Il s'agira sans doute de les pratiquer jusqu'à ce qu'elles deviennent spontanées. Mais elles ne représentent, au fond, que l'expression extérieure visible d'un positionnement intérieur, que j'ai appelé : « la relation d'équivalence », terme emprunté au psychiatre Gilbert Maurey (qui s'intéressait à la psychanalyse rêve éveillé).

Pourquoi relation d'équivalence ?

❖ Parce qu'il ne s'agit pas d'une relation d'égalité. L'un paye, l'autre est payé. L'un consulte, l'autre est le thérapeute.

❖ Pourtant, il s'agit de marquer que, par-delà les différences induites par la structure même de la consultation, les deux interlocuteurs sont tous deux participants du travail en commun

on pourrait définir la thérapie, en suivant Winnicott, comme une sorte de jeu à deux. Et pour bien jouer il faut que les deux personnes collaborent. En ce sens il est important de comprendre que **le thérapeute n'a pas à faire tout le travail, ni non plus à attendre que ce soit le patient qui fasse tout le travail.**

Les deux protagonistes sont dans une tâche commune, embarqués dans une aventure commune, dans un jeu à deux.

Pour favoriser cela le thérapeute utilisera des formulations et des mots qui supposent :

◆ coopération, collaboration, jeu
◆ favoriser la découverte des capacités
◆ éviter toute étiquette stigmatisante
◆ renoncer aux pressions

Pour que les deux joueurs assument leur part, le thérapeute doit renoncer à se mettre en avant ou au-dessus, alors même que la structure de la situation le pousse plus ou moins de ce côté. Ceci se verra par les pratiques indiquées ci-après. Elles ne sont pas à vénérer inconditionnellement, mais résultent de l'observation d'excellents thérapeutes en thérapie brève. Il s'agit de :

1) La disparition du « je »

Le thérapeute prendra l'habitude de supprimer les tics de langage qui utilisent le « je »
- J'ai bien compris que
- Si je comprends bien ce que vous dites
- je propose de
- moi, il me semble que
- je crois voir dans votre histoire (telle ou telle chose)
- je pense que

toutes ces formulations peuvent vous sembler naturelles. Observez d'ailleurs comment elles se retrouvent facilement dans vos interactions. Et pourtant elles présentent deux inconvénients : 1) vous mettre en avant, et 2) souvent sur un mode mental (je pense, j'ai compris, etc.)

Il est souhaitable de remplacer le « je » par un pronom plus neutre qui vous associe ensemble : « on », « nous». « On pourrait se demander si… », « on pourrait peut-être envisager que… », etc. On peut même carrément supprimer certaines tournures de phrase : dans la reformulation, non pas dire « si j'ai bien compris, vous ressentez… » mais tout simplement « en somme, vous ressentez… »

La seule occurrence où le « je » s'avère souhaitable se voit dans la situation où le thérapeute a fait une erreur, qu'il se doit de reconnaître. Donc le thérapeute se situe en position basse, et doit dire alors : « je vous prie de m'excuser (pour ce retard, par exemple) », « j'ai sans doute mal compris (ce que vous exprimiez) », etc.

En résumé, abandonner le « je » qui vous met implicitement en avant favorisera le « jeu » de coopération.

L'absence du Je favorise le Jeu (coopératif)

2) Dans la même lignée, il est souhaitable d'utiliser le conditionnel et le « peut-être » :
   - « pourrions-nous envisager que… (telle chose ait du sens) ? »
   - « on pourrait se demander si… »
   - « il serait peut-être pas inintéressant que nous réfléchissions ensemble sur le sens possible de (ces retards systématiques, par exemple)

L'avantage du conditionnel et du peut-être c'est :
   - de ne pas induire de pression
   - de favoriser le thème de la « recherche commune », et non d'une vérité déjà établie

Observons d'ailleurs que dire : « il serait peut-être pas inintéressant » (conditionnel et peut-être) ne présente pas du tout la même connotation que si le thérapeute disait : « Il serait peut-être intéressant que… ». Dire que « ceci est intéressant » c'est déjà se positionner en porteur du savoir, qui décide ce qui est intéressant et ce qui ne l'est pas

3) évitez les successions de questions. Pour ceci, observez comment vos phrases enchaînent des points d'interrogation, vous serez étonné(e) :

   - Qu'en pensez-vous ?
   - Qu'est-ce que ça veut dire pour vous ?
   - Est-ce que vous avez noté ceci ?
   - Quel est le sens à trouver ?
   - À quoi ça vous fait penser ?

Toutes ces questions peuvent sembler naturelles et intéressantes, susceptibles de faire avancer la réflexion. Mais elles présentent le gros inconvénient suivant : l'un pose des questions et fait « travailler » l'autre qui au bout d'un moment se sentira

- poussé à devoir faire tout le travail, et résistera
- ou bien en déficit, ne comprenant pas, ne sachant pas comment répondre à la question, n'arrivant pas à percevoir ce que l'autre semble savoir ou percevoir

Le réveil d'une situation scolaire n'est pas loin (« je ne sais pas répondre à ces questions »)

Diable, diable... comment faire sans questionner la personne sous prétexte que cela risque de la faire se sentir harcelée ou déficitaire ? Hé bien, il s'agit de poser la question à « on », à « nous », ou à « ça » :

- o « On pourrait se demander si... »
- o « ça pourrait signifier peut-être quelque chose ? »

Et surtout le thérapeute « cherche avec », s'implique dans la question, **il se pose autant la question à lui-même qu'à son interlocuteur**. Il ne dit pas : « que pensez-vous que cela puisse signifier ? ». Son but c'est d'inciter à la recherche ensemble. « Est-ce que ça pourrait vouloir dire quelque chose ? » dit-il en se posant la question, sur un ton faisant bien percevoir qu'il se la pose aussi à lui-même.

Et une façon de faire intéressante, consiste en reformulation <u>sans point d'interrogation</u>. Cela peut inciter la personne à aller plus loin par son propre choix. Exemple :

*..« je me sens dévalorisé » dit le patient

*..« dévalorisé... », dit le thérapeute, sans point d'interrogation, peut-être sur un ton rêveur. Il ne dit pas : «dévalorisé ?» avec un point d'interrogation (qui signifierait : « pouvez-vous m'en dire plus ? »). Plutôt comme un mot

qu'il fait résonner en lui-même. Le ton de voix est pour beaucoup, et il découle naturellement du choix de ne pas «faire travailler l'autre plus que soi-même». La perche est lancée, et non imposée ; au patient de savoir s'il la prend et s'il développe.

Favoriser la découverte de capacités

Le patient est généralement arrivé en consultation avec le sentiment de ne plus savoir s'en sortir, de ne plus avoir assez de ressources (helplessness) , et d'avoir perdu l'espoir (hopelessness).

Sur ces deux points, le thérapeute aura une façon d'intervenir spécifique qui donnera lieu à deux cartes ultérieures (dans un éventuel prochain livre) :

En ce qui concerne le helplessness ;
➜   La connotation positive des ressources (entre autres)

En ce qui concerne le hopelessness
➜   la vision d'une situation libérée du problème (TBCS. Thérapie Brève Centrée sur la Solution)

Par conséquent, sans détailler plus, je dirais simplement que :

1) L'art de voir les capacités du patient assure un puissant effet Rosenthal (Cf. ma vidéo n° 2 sur « Trouver son psy dans la jungle ») qui favorisera l'entrée dans ses ressources

2) mais il s'agit de faire **découvrir** à la personne qu'elle dispose de capacités plutôt que lui dire qu'elle en a.

Ceci est très subtil. En effet dire, face à une façon de faire positive que le client a adoptée :

« comment avez-vous fait ? », sous-tendu par « quelle capacité avez-vous donc mis en œuvre pour arriver à ce résultat positif ? » est beaucoup plus moteur et source d'appropriation que :

« Vous avez donc cette capacité »

Nous reverrons cela, car dans beaucoup de cas une connotation positive directe (« vous avez telle capacité ») amènera un frein ou une réticence plutôt qu'une appropriation (« bof, tout le monde sait faire ça », « bof, ce n'est pas vraiment une capacité », etc.).

Eviter toute étiquette stigmatisante

Assez fréquemment la personne amène une étiquette stigmatisante ou psychopathologique, à laquelle elle adhère:

- o de toute façon, et on me l'a bien dit, je suis « bipolaire »
- o de toute façon, il est visible que je suis une « dépressive »
- o j'ai une sérieuse tendance à être « paranoïaque », d'après mes voisins

L'importance de « lever des désignations » se comprend aisément : il s'agit de permettre à la personne de sortir des croyances et limitations identitaires dans lesquelles elle se prend comme dans un filet. Une carte sera spécialement consacrée à la façon d'aider à la sortie de cette étiquette limitante.

Quelques mots, aujourd'hui sur cette pratique :

- face à l'affirmation d'une désignation (exemple : « je suis bipolaire », mais ça peut être n'importe quel autre étiquette)
- on transforme l'étiquette réifiante en une observation du comportement : « comment ça se voit ? »
- La personne décrit alors sur quoi elle se base pour penser ainsi, comment cela se voit dans son comportement : « je peux passer d'un sentiment triste

et dégoûté à un sentiment de joie et d'énergie d'une façon très rapide »

- et c'est ce <u>comportement</u> (après diverses autres approches préparatoires) qu'on délivrera de l'étiquette : « en somme, on pourrait dire aussi que vous percevez finement vos sentiments variés, et que vous acceptez de les vivre avec fluidité, sans rigidité ».

Évidemment ceci ne pourra être entendu et accepté QUE si les conditions du recadrage positif ont été auparavant mises correctement dans l'interaction. Mais si ces conditions sont là, alors la personne commencera à percevoir son supposé déficit sous un angle très différent et libérateur.

Renoncer aux pressions

Plus vous aurez pratiqué le positionnement décrit jusqu'ici, plus vous serez convaincus de son intérêt par l'expérience : et vous aurez découvert que « faire pression » est moins intéressant pour la thérapie que « favoriser la découverte ».
Des expériences de psychologie, passionnantes, effectuées avec des groupes d'enfants, plusieurs fois recoupées par divers chercheurs, ont montré abondamment que :

a) Une pression forte, sous la forme par exemple d'une menace lourde (il est interdit de toucher tel jouet sous peine de terribles représailles) n'induisait en rien l'intégration de l'interdit. Celui-ci se voyait respecté, mais seulement durant le temps où la menace pesait sur les enfants.
b) Alors qu'une pression faible, une menace très modérée (il ne faut pas toucher à ce jouet) induisait chez beaucoup d'enfants l'intériorisation de l'interdit. Pourquoi? Parce qu'ils avaient dû découvrir en eux-mêmes les bonnes raisons pour lesquelles ils choisiraient de ne pas toucher pas ce jouet.

Ces expériences sont plus détaillées que le résumé que j'en fais ici, mais la conclusion à en tirer se dirait ainsi : ce qui a été découvert par la personne elle-même est nettement plus durable et modificateur que ce qui lui a été donné de l'extérieur. Voir Aronson et Carlsmith (1962) Freedman (1965) et Lepper (1973).

Voici un exemple tout bête. À la porte de sortie de mon Cabinet, se trouvait une toute petite marche descendant vers la cour ; et cela induisait un risque de trébucher. Ma façon d'intervenir était la suivante :

« il y a une marche ici »

et non pas « faites attention à la marche »

Dans le premier cas la personne voyait la marche et décidait désormais d'y faire attention. Dans le deuxième cas il m'aurait fallu le dire plusieurs fois, adoptant ainsi la stratégie SNCF 1000 fois répétée à la descente des trains.

 Bon... c'est un peu ridicule évidemment. C'est juste que j'ai constaté que je faisais ainsi et j'en ai cherché le sens.

CONCLUSION

Toutes ces façons d'interagir ne sont pas des « modèles à suivre ». Simplement il se trouve qu'après avoir perçu l'intérêt et la puissance d'une relation d'équivalence, elles viennent assez naturellement. Je me doute que si vous avez déjà votre pratique vous risquez d'avoir des réticences à envisager ces façons de faire. Peut-être pourriez-vous en essayer quelques-unes progressivement. Et vous appuyer sur l'idée que ce type de positionnement a déjà montré des résultats spectaculaires, accompagné des autres techniques que je vous indiquerai dans les cartes suivantes.

Bien sûr, parfois on devra poser pas mal de questions (par exemple quand on fait le chemin d'approfondissement de l'émotionnel), parfois on sera plutôt convaincant (exemple pour aider à valider un recadrage), ou même pédagogique, parfois il nous faudra dire un Je en position parentale (comme expliqué dans la carte orange précédente), etc.

Mais l'idée centrale s'appuie sur ce qu'on cherche à atteindre: aider la personne à découvrir de nouvelles solutions, de nouvelles capacités, de nouvelles façons de traiter ses plis, et ses traumatismes, etc. Et qu'elle puisse se les approprier.

Et pour terminer je rappellerai donc la phrase à mémoriser, déjà évoquée tout à l'heure :

« L'effacement du Je favorise le Jeu
(collaboratif) »

CARTE VERTE 07. ESPACE INTERNE de TRAITEMENT

Première de deux cartes consacrées à l'Espace Interne de Traitement, la deuxième s'intitulera « La médiation »

EXEMPLE CLINIQUE

Commençons par un cas clinique. Hippolyte, 35 ans, décorateur de théâtre, est marié depuis cinq ans à Calliope, 32 ans, professeur d'arts plastiques. Sans enfant, ils ont emménagé dans leur belle maison il y a un an. Et depuis cet emménagement leur relation se dégrade.

Hippolyte, à notre séance du lundi, annonce que le week-end s'est très bien passé, que tout va bien. Et parallèlement à cela, il signale souffrir de diarrhées intenses et d'une douleur dans la poitrine. Il doit aller voir son médecin pour traiter ces maux physiques, cependant que psychiquement ici et avec moi ils se sent apparemment content et sans problème.

On constate ainsi deux niveaux d'expression radicalement différents. Le niveau mental affirme que tout va bien, le niveau corporel exprime que ça va mal. Qui a raison ? Et que se passe-t-il ? Quelque temps plus tard, après des échanges divers, il apparaîtra que le week-end a été très désagréable, plein de tensions conjugales, de vifs conflits, d'échanges verbaux violents. Hippolyte avait oublié tout ceci et substitué à ces souvenirs émotionnellement difficiles une version soft et une histoire radicalement opposée. Cela peut paraître spectaculaire, mais en fait ça illustre parfaitement un dilemme qui se pose à nous tous.

Ce dilemme renvoie à ce que Winnicott a dénommé la

personnalisation. Pour lui cette personnalisation se crée lorsque l'esprit s'installe dans le corps et que les deux sont désormais fortement connectés. Le mental se trouve alors au service de l'expression conscientisée de ce que veut dire le corps.

Dans le cas d'Hippolyte le mental, quant à lui, sert les mécanismes de défense, dont l'objectif consiste à oublier la douleur et les émotions liées à celle-ci. Il devient un mental mensonger, racontant une fausse histoire. Il travaille pour une idéologie (maintenir la fiction du bien-être) et non pas pour mettre au clair une vérité douloureuse, qu'il s'agirait de voir en face, afin de dénouer ce qui la suscite.

Quelles difficultés en découlent ?

Angoisse

Quoi qu'il en dise, Hippolyte ne sent pas bien dans sa peau. Malgré ce que raconte l'histoire officielle servie par le mental, il perçoit une angoisse en lui-même.

On le comprend aisément si l'on se rappelle que l'angoisse fonctionne comme signal indiquant une lutte intérieure, entre d'une part quelque chose qui veut se dire, et d'autre part les parties psychiques aux pouvoirs qui souhaitent absolument empêcher cette expression.

Dépersonnalisation

Hippolyte se sent un peu « paumé », un peu flottant, pas très sûr de son identité et de son vécu. Coupé de sa boussole interne, dont les racines trouvent leur sol dans le corps, il se sent plus ou moins dé-boussolé. En plaquant du positif sur du négatif, il se perd lui-même.

Troubles somatiques

Lorsque le mental refuse de reconnaître et de traduire en langage clair la douleur psychique présente dans la vie, alors cette douleur ne peut **PAS** être traitée et dénouée, puisqu'elle n'est ni vue ni reconnue.

Hippolyte dénie à lui-même la violence de ses émotions dans ses difficultés de couple. Ne la reconnaissant pas, il ne peut donc PAS adopter les comportements qui permettraient que la situation évolue. La violence de ses émotions, non reconnue psychiquement, s'installe alors où elle peut, dans le corps en l'occurrence sous forme de diarrhées et de douleurs dans la poitrine.

Finalement le gros inconvénient de tout cela, c'est qu'Hippolyte se trompe de cible. Ainsi va-t-il lutter contre ses divers symptômes, prendre des anxiolytiques pour son angoisse, des anti diarrhéiques pour ses diarrhées, consulter un cardiologue pour ses douleurs thoraciques (l'ECG sera normal, bien entendu). Bref il s'active pour faire disparaître les symptômes, les faire taire, mater ce corps indocile, et ne fera donc pas évoluer la situation relationnelle… source des symptômes.

Désormais on rencontre fréquemment cette attitude dans notre société. Il suffit de voir tous les sites Internet qui plaident pour « positiver » à tout prix, remède supposé aux douleurs de toutes sortes. Ceci rejoint ce qu'on dénomme les « thérapies recouvrantes », celles qui cherchent à lutter contre les symptômes (et donc contre les messages dont ils sont porteurs) en les recouvrant avec du positif, de la détente, de belles images, une bonne respiration, de belles pensées inspirantes, etc., etc. Freud comparait les diverses thérapies à la pratique de la peinture et de la sculpture. Dans la peinture on ajoute des couches qui masquent les couches sous-jacentes, dans la sculpture on enlève des couches pour dégager la forme implicitement inscrite à l'intérieur de la roche.

Hippolyte se peint mentalement un tableau rassurant… qui l'éloigne de lui-même, et aussi parallèlement de la solution à ses souffrances.

UNE EXPLICATION A CETTE PROBLEMATIQUE

On trouve des écrits de psychanalystes parlant de la « béance constitutionnelle » qui existe en l'être humain, cette espèce de faille, de fissure, entre soi et soi. Illustrons cela par le « stade du miroir », qui se joue chez l'enfant aux alentours de 1 an ½ à 2 ans et ½ .

Avant de se reconnaître lui-même dans le miroir l'enfant, comme presque tous les animaux, pense que l'Autre du miroir est un autre enfant, un autre que lui-même, un congénère. À un moment donné (par exemple, assis avec sa mère, tous deux se voyant dans un miroir) il comprendra que cet autre c'est lui-même, d'autant qu'il peut reconnaître que sa mère, ici, derrière lui, sur les genoux de laquelle il se trouve, c'est aussi sa mère qu'il voit reflétée là-bas dans le miroir. Et sa mère lui dira d'ailleurs : « tu vois, c'est toi dans cette glace ! ».

Il s'agit là d'une expérience « emblématique » de ce qui va se passer pour l'enfant au fur et à mesure de l'acquisition de son identité. En effet il se vit, dans ce moment, comme existant dans deux espaces différents :

- du côté du corps, du côté du **JE** : il se perçoit grâce à ses ressentis physiques et émotionnels, situés ici, en lui-même, perceptions plus ou moins confuses, ou viscérales, mais bien présentes (pensons aux diarrhées d'Hippolyte)
- et puis là-bas dans le miroir, il aperçoit un autre soi-même, caractérisé par une image claire, perceptible, délimitée, visible facilement (au contraire du sentiment du JE). Cette image c'est **MOI**, un Moi reconnu et dénommé par l'entourage, inscrit dans le langage.

Là s'origine en partie la béance constitutionnelle :

- JE suis ici, dans mes ressentis physiques, perceptifs, émotionnels
- Et je suis MOI là-bas, dans mon image, perçue et définie, inscrite dans un langage descriptif aisé.

En somme une identité double faite de deux parties séparées, ne présentant pas le même rapport au langage.

- JE se situe du côté du corps avec ses **messages analogiques** peu cernés, vagues, diffus, profonds, viscéraux.
- MOI est du côté de l'image et des **messages digitaux** et langagiers, clairs, précis, inscrits eux-mêmes dans le langage collectif.

Tout le thème de la personnalisation s'articule autour de la question suivante : **MOI** va-t-il pouvoir mettre en langage ce que **JE** ressens ? Ou bien va-t-il mettre en langage ce que les autres disent que je suis. Mon désir et mes refus vont-ils s'articuler autour de ce que **JE** suis ..? Ou bien autour de ce que **MOI** s'applique à définir en se coulant dans le discours des autres sur lui ?

Hippolyte va-t-il considérer que ses diarrhées et ses douleurs thoraciques présentent un rapport étroit avec la vérité de ce qui se passe dans son JE ? Ou bien va-t-il être séduit par la rapidité langagière, si bien argumentée, d'un MOI destiné au leurre ?

AUTRES FACONS DE PRESENTER CE DILEMME

À vrai dire ce dilemme entre deux niveaux de compréhension et d'expression se retrouve dans d'autres grilles de lecture, similaires à la question posée par le stade du miroir.

Cerveau droit et cerveau gauche

Il semble bien que, au moins chez les droitiers, on trouve les fonctions suivantes :

Cerveau droit = images, sensations, créativité

Cerveau gauche = langage, grammaire, logique

Or les deux communiquent et peuvent travailler ensemble grâce à un élément capital situé entre eux : le corps calleux, cette partie du cerveau située entre les deux hémisphères, assumant la fonction de faire circuler des informations de l'un à l'autre, ajustant ainsi leur différence de perception.

Et les problèmes liés aux difficultés de cette communication, nommés « syndrome de déconnexion interhémisphérique », ont bien montré, comme nous le dit l'Encyclopédie médico chirurgicale : « seul l'hémisphère gauche est capable de s'exprimer oralement ou par écrit, et l'hémisphère droit, qui ne peut s'exprimer de façon linguistique, reste capable de reconnaître ce qui lui a été présenté grâce à plusieurs modalités sensorielles ».

Inconscient -Conscient

En termes freudiens nous trouvons de nouveau cet écart entre deux niveaux de compréhension ou de perception du monde :

- l'Inconscient organisé par des « représentations de choses »
- le Conscient par des « représentations de mots »

Traduire ce qui s'agite au niveau inconscient suppose d'amener au niveau verbal (représentations de mots) des expressions peu perceptibles consciemment. Le passage de l'un à l'autre s'effectue par la traversée d'une zone intermédiaire : le Préconscient, chargé de cette traduction par un langage intermédiaire : l'utilisation des images, des symboles, des fantasmes.

Corps – Mental

Et finalement, pour en revenir au thème de la personnalisation, nous aurons donc à gérer l'interconnexion juste, pertinente, efficace, libératrice, entre le corps et le mental, comme illustré par le cas Hippolyte.

Si l'on réunit tous les éléments indiqués précédemment (Je – Moi ; Cerveau droit – Cerveau gauche ; Ics – Cs ; Corps-Mental) on pourrait dire d'une façon simple que chacun des termes fonctionne de manière assez similaire, même si cela représente des ponts que les puristes de chaque spécialité trouveront peut-être un peu osés.

Le **Je, le corps, l'Ics, le cerveau droit**, s'expriment et se perçoivent par des messages diffus à base de :

- Sensations
- Emotions
- Pulsions

Le **Moi, le mental, le Cs, le cerveau gauche**, s'expriment et se perçoivent par des messages :

- Articulés
- Langagiers
- Logiques
- Structurés

Et ce qu'on pourrait appeler par comparaison le « corps calleux psychique », l'aire transitionnelle, le PréConscient, **l'Espace Interne de Traitement** devra :

1) D'un côté percevoir les messages analogiques diffus du corps (même s'ils apparaissent très puissamment présents, il faut quand même leur donner une attention particulière : ici, diarrhées, douleurs thoraciques)

2) Ensuite, une fois ceux-ci perçus, commencer la traduction de ces messages en langage compréhensible par l'utilisation de :

> images

> fantasmes

> intuitions

> souvenirs

3) Et enfin donner finalement au mental et au Moi le soin de mettre en langage verbal clair et digitalisé ce qui voulait s'exprimer de l'autre côté de soi-même, au profond du corps et du Je.

Appuyée sur ce langage verbal clair, la personne entière (c'est-à-dire Je et Moi reliés) comprend alors ce qui la meut et peut prendre les décisions nécessaires. Sans ce travail de reliance interne par traduction d'un langage à l'autre alors elle reste condamnée au « syndrome de déconnexion » (si l'on peut utiliser cette comparaison neurologique) et au fait que les deux parties d'elle-même peuvent être en désaccord ou en déficit de perception de la réalité, comme nous le voyons avec Hippolyte.

La boussole interne se situe dans le Je – Corps, qui indique les désirs, les pulsions, les douleurs, les émotions. L'orientation du bateau ou de l'avion en fonction de cette boussole ne peut se faire que si on la perçoit et qu'on en tient compte. Sans cette perception nous voilà dé-boussolés, flottants, incertains, agités par des symptômes qui ne prennent pas sens.

Par conséquent nous devons pratiquer l'interconnexion entre le Je et le Moi, le Corps et le Mental, l'Ics et le CS, le cerveau droit et le cerveau gauche, par le travail de traduction entre leurs langages différents.

LA TRADUCTION

Jusqu'à Champollion les hiéroglyphes et la magnifique histoire civilisationnelle qu'ils racontaient restaient incompréhensibles, ne signifiaient rien. Et nous devons bien reconnaître que parfois nos symptômes nous paraissent aussi hermétiques que des hiéroglyphes.

Or pour réussir son exploit, Champollion a dû passer par un intermédiaire : la langue démotique. Face à la pierre de Rosette, il a effectué le travail suivant : relier la langue hiéroglyphique à la langue démotique, puis relier celle-ci à la troisième, la langue grecque (qu'il traduira ultérieurement dans son propre langage, le français). Trois écritures se côtoyaient, pour raconter la même histoire : le hiéroglyphe inconnu, le démotique intermédiaire, et le grec connu.

Pour devenir les Champollion de nous-mêmes, les interprètes de nos hiéroglyphes divers, il nous faudra nous aussi utiliser trois langues :

- celle du Je-Corps-Ics-cerveau droit, exprimée par des sensations-émotions-pulsions. *Le hiéroglyphe*

- celle de l'espace interne de traitement (PréCs) exprimée par des images, fantasmes, symboles. *Le démotique*

- et enfin, celle de la compréhension consciente exprimée par les mots, le langage, la pensée verbale. *Le grec ou le français*.

Notre corps calleux psychologique, celui qui permet la complémentarité entre Je et Moi, entre le corps et le mental, et qui nous amène le sentiment d'avoir une boussole interne pour notre ligne de vie, trouve sa matière dans notre faculté de symbolisation.

Constatons que depuis toujours l'être humain raconte des histoires symboliques, des contes, des mythes, des grands récits, etc. Nous avons besoin de cette fonction symbolique et créative, besoin de littérature et de créations artistiques, pour nous comprendre nous-mêmes.

En voyant à gros traits les sources de nos souffrances et de nos destins contrariés on pourrait dire que ceci s'origine :

1) lorsque la <u>boussole</u> elle-même a été biaisée, faussée par des traumatismes qui l'ont faite plus ou moins dévier **Ics**
2) lorsque la <u>traduction</u> de ce qu'indique la boussole est faussée (mental déconnecté) **PréCs**
3) ou, dans une moindre mesure, lorsque la <u>détermination</u> à suivre le cap indiqué par la boussole (souvent contraire à ce que nous pensions) se trouve déficitaire, même quand la boussole indique juste, et que la traduction reste pertinente. **Cs**

La carte d'aujourd'hui porte sur le point 2 (la traduction) et la suivante sur le point 3 (que faire une fois qu'on a traduit ?). Le point 1 relève plutôt d'un travail profond qui déborde le cadre des « cartes du thérapeute » présentées ici.

En reprenant le cas d'Hippolyte, voyons donc concrètement cette procédure de traduction.

1) <u>nécessité de faire attention à ses propres signaux internes</u>

La première étape, indispensable, c'est de percevoir et d'amplifier vos signaux corporels et émotionnels.
On pense à Eugène Gendlin avec la pratique du Focusing, et j'en fais ici une synthèse à ma façon. Concrètement :

- restez absolument immobile, assez longtemps, et percevez les diverses sensations en provenance de votre corps
- centrez-vous sur la sensation principale, ou sur la plus désagréable ou douloureuse. Et amplifiez-la, toujours en restant immobile, de façon à parfaitement l'apercevoir. Imaginez son poids, sa couleur, sa pression, ou tout ce qui vous permettra d'en faire le tour

2) <u>Transformez ensuite en images</u>

Laissez venir une image, commençant ainsi à mettre en scène ce qui se passe en vous. Aidez-vous de la phrase : « ce serait comme si… »

Ainsi Hippolyte après avoir perçu ses intestins remués et la pression sur sa poitrine formalise son vécu par l'image d'un éléphant qui l'écrase avec deux pattes posées sur son corps, l'une au niveau du ventre, l'autre au niveau du coeur.

Attention à votre mental. Plus rapide que tout, il peut déjà vous servir des explications (soit réalistes -c'est parce que j'ai mal digéré mon repas-, soit symboliques -quelque chose me reste sur l'estomac-). À cette étape rien de tout cela ne doit retenir votre pensée, et encore moins les connaissances livresques sur le soi-disant sens de tel ou tel symptôme. Laissez venir des images, n'importe lesquelles, même les plus terrifiantes ou extravagantes, sans censurer, en rapport avec la douleur initialement perçue (un couteau qui déchire mes tripes, une scie coupe deux parties de mon corps, etc.)

3) <u>Reliez à une émotion</u>

Cette image suscite une émotion. Comme pour la sensation du début **amplifiez-la** afin de bien la sentir et la percevoir.

« Écrasé par cet éléphant, j'ai terriblement peur de mourir, je me sens impuissant, je désespère de pouvoir me libérer d'un tel poids ». Et ça donne envie de crier ou de pleurer. Sentez bien cette impression / émotion.

4) <u>Reliez cette situation à un souvenir</u>

Le souvenir peut n'avoir pas grand-chose à voir avec l'image mais il présentera des liens avec l'émotion et le vécu précédemment ressentis. Si aucun souvenir probant ne vous vient, vous pouvez le remplacer par un fantasme. C'est-à-dire un mini scénario autour de l'image. Qu'est-ce qui s'est passé avant, qui amène cette situation ? Et comment cela va continuer ? La question du fantasme est un thème capital. Mais pour le moment restons-en au souvenir.

Pour Hippolyte : il ressent un poids terrible, un personnage tout-puissant, la peur, l'impuissance, le désespoir. Et un souvenir lui vient : « j'avais cinq ans et mon père m'a frappé sur la tête avec un manche de brosse pour m'obliger à manger, bouchée après bouchée, mon plat d'épinards, qui me semblait être de la bouse ».

5) <u>Une fois arrivés à ça, reliez se souvenir à ce qui se passe ou s'est passé dans votre vie récemment</u>

Nous arrivons à la traduction en clair. Attention, là encore, aux galipettes d'un mental décollé. Votre mental doit prendre la situation exactement telle qu'elle est : sensation - émotion – image – souvenir, et mettre en forme ce qui se dit là afin de le comprendre consciemment.

Hippolyte découvre ainsi avec stupeur que sa femme qu'il aime, et qu'il désire, lui fait peur et le fait se sentir impuissant et livré à sa violence (verbale).

Le langage clair final, la traduction des langues et du message hiéroglyphique inscrit dans le corps, se dit alors ainsi : « quand elle me crie dessus, je me sens écrasé, impuissant, petit comme un enfant, et j'ai peur d'elle ».

Ici le mental a fait sa fonction : il traduit en langage clair et conscient, ce que l'espace interne de traitement avait d'abord traduit sous forme de symbolisation (l'éléphant) puis relié à un souvenir (ou un fantasme).

On notera que ce processus de traduction est celui-là même que nous effectuons lors d'une psychanalyse, plus particulièrement la psychanalyse rêve éveillé qui utilise l'espace de symbolisation qu'est le rêve éveillé en séance.

L'INCONFORT DE CE QUI A ETE DECOUVERT

Désormais il va falloir faire avec ce qui se dit là, alors qu'auparavant le refus du message régnait sur la situation. Hippolyte se trouve encombré désormais par ce dilemme. Une partie de lui, majoritaire, et au pouvoir dans son conscient, considère à juste titre qu'il est amoureux et qu'il désire sa femme. Mais une autre partie la perçoit comme un père terrible, et se sent envahie de peur. Inconfort de cette découverte.

Cependant désormais il va pouvoir passer à une étape libératoire, résolutoire, permettant d'intégrer la complexité de ses propres vécus, en appliquant la pratique (que j'exposerai donc dans la carte suivante) du dialogue intérieur, dialogue entre deux antagonistes ayant tous deux leurs buts et leurs besoins. On pourrait les dénommer ici :

- L'amoureux

- Le terrorisé

Comment vont-ils désormais cohabiter, se reconnaître, négocier entre eux, trouver des compromis utiles, instaurer des changements maturatifs, etc. ?

CONCLUSION

La question du fantasme est en lien étroit avec cet espace interne de traitement. Cette aire transitionnelle, cette capacité symbolisante, ce PréConscient opérationnel, ce Champollion psychique, représentent un élément capital pour notre équilibre, notre sécurité psychique, notre capacité à nous comprendre et à nous diriger dans notre vie.

En résumé aujourd'hui : sans la langue intermédiaire du démotique, les hiéroglyphes nous seraient restés à jamais incompréhensibles ; sans la traduction intérieure des messages envoyés par mon corps et ses symptômes, j'avance en aveugle. Deux niveaux fonctionnent alors en moi : d'un côté un mental déconnecté qui peut dire et prouver absolument n'importe quoi, comme le ferait un habile avocat, et d'un autre côté un corps dont je ne comprends pas les messages et que je vais bientôt considérer comme un ennemi ou un animal à surveiller et à contrôler. Entre ces deux, alors, je suis dé-boussolé.

Et pour terminer je rappellerai donc la phrase à mémoriser :

« Pour me comprendre moi-même, j'ai besoin d'utiliser la symbolisation »

CARTE VERTE 08. ESPACE INTERNE de TRAITEMENT

LA MEDIATION

Cette carte verte se nomme : « Espace Interne de Traitement », sous-titrée : « la médiation ». Elle fait suite à la carte précédente, « Espace Interne de Traitement » sous-titrée : « la traduction ».

ESPACE INTERNE DE TRAITEMENT. LA MEDIATION

Grâce à l'espace interne de traitement, nous pouvons :

- comprendre le sens de nos symptômes
- évoluer pour que ceux-ci n'aient plus lieu d'être
- et, du coup, agrandir notre champ de compétence, et devenir réunifiés au fur et à mesure du travail intérieur.

Ceci se réalise par un chemin en quatre temps :

1) <u>prendre conscience qu'il se passe quelque chose</u>, et que nous devons essayer de saisir pourquoi. Ainsi Hippolyte se rend compte que ses diarrhées et son mal de dos indiquent probablement un malaise, malgré que le mental conscient ne perçoive pas cela.

2) <u>découvrir la sub-personnalité qui cherche à s'exprimer</u> avec le processus de traduction, grâce à notre faculté de symbolisation, présenté dans la carte précédente.

3) <u>instaurer un dialogue conscient entre les deux aspects opposés</u> il s'agit là de tout le travail de médiation, objet de la carte d'aujourd'hui

4) <u>déboucher sur de nouvelles expériences mutatives</u>

le médiateur interne ne se contente pas de gérer le dialogue, il favorise activement la prise de décisions nouvelles.

La carte précédente traitait des points 1 et 2 ci-dessus, (c'est-à-dire la traduction avec l'espace interne de traitement) en montrant comment Hippolyte accédait au sens de son symptôme, et à la partie de lui-même qui voulait s'exprimer.

La carte d'aujourd'hui traite des points 3 et 4, et montre comment Hippolyte, placé en médiateur entre deux tendances opposées accède à des changements puissants et profonds.

Cette médiation s'installe entre des camps opposés, des parties de la personnalité, qu'on pourrait comparer à des partis politiques se disputant le pouvoir décisionnel.

Dans la carte précédente, Hippolyte marié à Calliope découvrait le sens de ses symptômes. Il apercevait alors quelque chose qu'il n'aurait pourtant pas souhaité découvrir en lui : en contrepoint de l'homme viril et amoureux émergeait la conscience d'être aussi un petit garçon terrorisé, comme il l'avait été par son père dans son enfance. Que faire ? et comment faire avec ce tiraillement interne ?

Il s'agit pour lui désormais d'instaurer un dialogue intérieur entre ces deux tendances, ces deux « personnages », qu'il a dénommés « l'amoureux » et « le terrorisé ».

LE DIALOGUE INTERIEUR

Le thème du dialogue intérieur a été mis au point et développé par Carl Jung, le psychanalyste disciple de Freud. Il y voyait un processus capital pour le chemin d'individuation. Hal Stone, psychologue américain, psychanalyste jungien, a ensuite repris et concrétisé ce thème, avec l'aide de sa femme Sidra Stone, elle aussi psychologue. Ils ont développé l'idée Jungienne de parties du psychisme presque semblables à des personnes intérieures, ayant chacune leurs idées, leurs besoins, leur vision des choses, leurs attentes.

En somme, à l'intérieur de la personnalité, des sub-personnalités qu'on pouvait reconnaître, nommer, faire dialoguer entre elles. Et parmi celles-ci des sub-personnalités dominantes et des sub-personnalités reniées. Des puissants au pouvoir, d'autres minoritaires ayant peu d'accès à la communication, et enfin des personnes emprisonnées qu'il est important de garder enfermées afin de rester en paix.

Lorsqu'une sub-personnalité minoritaire ou reniée se met à réclamer vivement du pouvoir et de l'attention, du fait de circonstances de vie qui viennent la réveiller, la lutte pour la maintenir silencieuse va la conduire à s'exprimer à travers des symptômes. Et dès lors qu'on essaie de saisir le sens du symptôme, dans le but de le soigner en le calmant, on va devoir composer entre ces parties contradictoires. Ce dialogue maturatif et transformateur doit donc être établi. Et il faudra le médiatiser avec l'aide d'un tiers, une personne neutre et sage, qui aidera à une médiation constructive. Ce juge de paix pourra être :

- soit intérieur, ce que Hal et Sidra Stone, dénomment l'Ego Conscient placé en position méta dans ce conflit entre deux antagonistes

- soit extérieur, sous forme d'un accompagnant ou thérapeute capable de tenir sa place de médiateur, neutre surtout, mais aussi bienveillant et ferme.

LE MEDIATEUR

Pourquoi est-il nécessaire d'instaurer un médiateur entre «l'amoureux» et le «terrorisé» d'Hippolyte ? Parce que Hippolyte, comme nous tous, a établi sa personnalité en privilégiant certains aspects et en en refusant d'autres.

Ayant enfoui le « terrorisé », décidé de l'ignorer, mis en place les barrières nécessaires pour qu'il ne vienne pas au jour, Hippolyte s'identifie sans le savoir à la sub-personnalité dominante en lui : « l'amoureux ». Si bien que, sans médiation, le dialogue deviendrait quasi impossible puisque le dominant ne veut pas entendre parler du « terrorisé ».

Il faut donc une instance tierce entre les deux interlocuteurs en conflit. Cette instance aura le profil suivant :

- capacité à se tenir à égale distance entre les parties opposées
- capacité à réguler activement leurs échanges afin que chacune des parties puisse exposer ses besoins, ses craintes, ses valeurs
- capacité à prendre les décisions qui vont conclure ce dialogue. Ces décisions, respectueuses des besoins et valeurs de chacune des deux parties, devront équilibrer les forces en présence afin qu'un changement survienne
- capacité à accepter que ces décisions s'appliquent lentement afin de ne pas violenter le besoin homéostatique qui nous est nécessaire.

Voyons ceci plus en détail. Carl Jung a développé l'idée que regarder et tenir en présence les opposés en nous (ce qu'il appelle coïncidentia oppositorum) crée une tension forte. Cette tension se révèle assez désagréable, puisqu'elle met en difficulté la définition identitaire établie jusqu'à présent.

Mais si on accepte de « rester avec », sans chercher à la faire disparaître, alors cette énigme posée à notre inconscient va mobiliser notre énergie en quête de solution. Et une idée nouvelle et résolutoire émergera au moment opportun amenant, nous dit Marie-Louise Von Franz, principale élève de Jung, vers « une naissance à une nouvelle réalité ».

Par comparaison, on peut penser à l'énergie électrique, avec la puissance considérable qui découle de l'alliance et de la confrontation entre les pôles opposés, justement.

Le Médiateur, ou l'Ego Conscient, doit assurer la ténacité permettant de maintenir en nous-mêmes les deux opposés contradictoires. Il doit posséder aussi la force pour instaurer un dialogue pertinent, et permettre qu'émerge la nouvelle solution. Nouvelle solution inattendue traduite, en termes légèrement différents mais qui se recoupent, par les systémiciens lorsqu'ils parlent de la solution de niveau 2.

Je parlerai ultérieurement de la nécessité et de l'intérêt de la reconnaissance en nous-mêmes des opposés. Pour aujourd'hui revenons à Hippolyte.

LE CHEMINEMENT D'HIPPOLYTE

Comment va faire Hippolyte ? Son médiateur, c'est-à-dire la partie de lui-même qui tient à aller au bout du processus malgré les réticences face à ce qu'il découvre, va lui proposer la démarche qui suit. Vous pouvez vous aussi appliquer ce processus pour vous-même.

1) **Garder fortement le contact avec la sub-personnalité reniée qui commence à émerger**

Pour ceci, Hippolyte se décide à :

- dessiner sur une feuille A4, en utilisant de nombreuses couleurs, l'image qui lui est venue lors du processus de traduction : cet éléphant qui l'écrase, et le fait souffrir

- noter sur un pense-bête qu'il verra tous les jours, par exemple à l'ouverture de son ordinateur, la phrase suivante : « penser au petit terrorisé »

Pourquoi doit-il faire ainsi ? Parce que, et ceci nous concerne tous, jusqu'à présent il a érigé des mécanismes de défense afin de ne pas voir, ni entendre, cette partie souffrante de lui-même. Et quand il la découvre ainsi, ça l'irrite et le bouleverse ; on va le voir dans le dialogue. Or il s'agit d'aller à contre-pli du mécanisme de rejet, d'aller courageusement au contact de cette zone interdite.

La décision d'y aller s'appuie habituellement sur le soutien trouvé auprès d'un thérapeute ou d'un accompagnant. Mais on peut effectuer soi-même et seul cette recherche dès lors qu'on en a perçu l'intérêt et la richesse.

Faisant cela Hippolyte se rappelle donc à lui-même qu'il doit vivre le dialogue de confrontation.

2) <u>Faire dialoguer les parties opposées</u>

ce dialogue doit avoir lieu réellement et suffisamment longtemps. Chacun des deux camps devra exprimer son vécu, ses souffrances, ses besoins, ses attentes, ses valeurs. En Gestalt-thérapie on utilise fréquemment 3 chaises. Chacune se trouve dévolue à une des parties, et la personne qui passe doit veiller à ce que son discours reste conforme à la chaise sur laquelle elle est assise. Ici il y en a donc trois, et chacune s'exprimera différemment :

- « L'amoureux » qui suppose, dans la pensée d'Hippolyte, « l'homme viril et puissant, plein de désirs érotiques et sexuels envers sa femme ».

- « le terrorisé », se comportant comme un enfant craintif

- « le médiateur », calme, ferme, adulte, objectif.

L'échange dialogué ressemblera exactement à un échange entre deux personnes campées sur des positions opposées. Et le médiateur veillera à ce que chacune exprime, en s'adressant à l'autre, et à haute voix :

- son vécu émotionnel
- ses souffrances
- ses besoins
- ses attentes

Ce dialogue pourra apparaître vif et animé. Mais si l'un des deux domine trop, écrase trop, ou prend trop de place, le médiateur se chargera d'aider la partie dominée à trouver ce qu'elle veut dire, ce qu'elle doit dire.

Les injures peuvent être présentes mais le médiateur interviendra pour que chacun essaie de comprendre ce que dit vraiment l'autre. Exemple :

➢ *Terrorisé* . Quand elle crie, je me sens bouleversé, ça me remue jusqu'au fond des tripes, j'ai envie de sortir de la pièce, je ne m'en remets pas et je reste longtemps secoué
➢ *Amoureux*. Pfuuu… qu'est-ce que c'est, ces trucs de mauviette ? ! Arrête de nous emmerder avec des histoires d'enfance qui sont terminées depuis longtemps. Sois un homme !
➢ *Terrorisé*. Ouais, mais si tu ne tiens pas compte de moi, c'est toi qui vas souffrir. Regarde-toi : tu parades alors que tu n'arrêtes pas d'aller aux WC avec tes diarrhées, et que tu dors si mal avec tes douleurs dans le dos
➢ *Amoureux*. Fous-moi la paix, je n'ai ni le temps ni le désir de t'écouter
➢ Le *Médiateur* à l'Amoureux. Que penses-tu de cette idée que si tu ne l'entends pas tu vas avoir des symptômes physiques encombrants ?
➢ *Amoureux*. Si c'est le cas, en effet, il va bien falloir que je trouve un moyen pour le calmer.
➢ Le *Médiateur*. Racontez-vous l'un à l'autre vos difficultés et vos besoins
   ➢ Etc, …

Il s'agit d'un dialogue qui va bientôt prendre l'allure d'une négociation et qui, en tout cas, mettra en lumière des désirs et des besoins. Parfois d'ailleurs ceux-ci se rejoindront.

Si vous faites cet exercice seul et par vous-même il est conseillé **d'écrire** chaque échange verbal pour éviter une sorte de ping-pong mental stérile, et d'écrire aussi les interventions du médiateur.

Dans le cas d'Hippolyte, les besoins vont se trouver progressivement clarifiés :

> ➢ Amoureux. J'ai besoin d'être un homme qui comble sa femme et qui suscite des regards admiratifs chez elle.
> ➢ Terrorisé. J'ai besoin d'être à égalité avec elle, et que nous soyons des compagnons respectueux l'un de l'autre.

On notera trois choses à ce propos :

- les besoins devront être exprimés sous une forme active : quelque chose doit advenir, et non pas sous une forme passive où il faudrait que quelque chose cesse ou n'ait pas lieu

- de plus le besoin que l'AUTRE change ne mobilise pas l'énergie personnelle, il doit donc être remplacé par un besoin ressenti par la personne en elle-même.

  Exemple : « j'ai besoin qu'elle ne crie plus » se révèle inadéquat à deux niveaux ➔ 1) une attente en « ne… pas… », et 2) une attente qui souhaite que ce soit l'autre qui change. À la place, Hippolyte débouche sur le besoin actif, et dépendant de lui-même, que nous venons de voir exprimé plus haut : « J'ai besoin d'être à égalité avec elle, et que nous soyons des compagnons respectueux l'un de l'autre ».

- Ces besoins vont évoluer et s'affiner, après la séquence suivante, celle de l'observation, et il deviendra peut-être nécessaire alors de réévaluer le point des attentes de chacun, avant la séquence finale de l'expérience nouvelle.

3) <u>Observer le jeu quotidien des deux, longuement, et dans les détails interactionnels. Mais plus spécialement celui de la sub-personnalité reniée</u>

Hippolyte va donc rester très attentif, pendant 8 à 15 jours, afin de repérer la place et la façon de faire de l'Amoureux et du Terrorisé.

Il découvrira alors des aspects qu'il n'avait jamais vus. Ainsi aperçoit-t-il ceci, du côté du Terrorisé :

✓ quand sa femme reste plutôt tranquille et agréable, il se débrouille inconsciemment pour qu'elle s'énerve. Il sait qu'elle réagit négativement à tel ou tel comportement, et voici qu'il se comporte ainsi, justement. Puis lorsqu'elle s'énerve contre lui, il se replie alors avec rancœur, se persuadant de nouveau que « décidément elle est vraiment comme ça ! »

✓ il se voit faire le « petit garçon » : il ne sait pas, il ne dit pas son désir, il se montre incompétent

✓ il comprend alors que faisant ainsi il cherche à ce qu'elle décide, à ce qu'elle devienne Parentale. Puis il provoque, mine de rien, le Parent Critique

✓ ces découvertes l'estomaquent : aurait-il donc besoin d'être un enfant démuni qui va susciter la colère de sa compagne, celle-ci se sentant obligée alors de tout décider et de tout prendre en charge ? Hippolyte commence à s'approcher d'une croyance inconsciente qui le mène suivant laquelle « au fond, il reste un enfant impuissant » qui a besoin d'une compagne Parentale prête à le diriger et, au passage, à le morigéner activement.

Cette prise de conscience lui fait apparaître que sa femme adopte des attitudes que lui-même la pousse à prendre, et qui doivent sans doute, pour une part d'elle-même, la rendre malheureuse, dotée d'un compagnon peu protecteur, peu attentif, peu soutenant.

De son côté, l'Amoureux se confirme l'importance du sexe et de ce que cela suppose inconsciemment. Il découvre ainsi que lors de la relation sexuelle :

- o il se sent puissant et en sécurité sur sa force

- o mais en même temps il perçoit, dans son besoin que sa femme ait un orgasme, une tentative de se rassurer sur le fait que cette puissance n'a pas été destructrice (ce qui pourrait se ressentir par identification à un père violent) : il se dit au fond « la preuve, que je ne suis pas destructeur, c'est qu'elle a du plaisir »

Comme on le voit cette phase capitale de l'observation vient après le dialogue intérieur. Pour qu'elle soit vécue correctement et permette toutes les découvertes les points suivants sont nécessaires :

➢ aucune action, aucune décision, aucun changement de comportement ne doit intervenir durant cette période-là. En effet dans ce cas cette nouvelle action ne surgirait pas de la « coïncidence prolongée des opposés », mais d'une décision « mentale » ne respectant pas le rythme naturel d'élaboration interne.

- o Toute action prématurée, court-circuitant ou faussant l'observation, ne débouchera sur rien de stable ni de durable.

- o Il faut donc s'en tenir strictement à l'observation du quotidien habituel, sans rien changer, observation soutenue par la question : « qui, de mes deux opposés, se manifeste ? et comment le fait-il ? »

➢ Cette observation doit rester maintenue malgré la tendance à oublier de la faire, qui survient inévitablement. Toutefois la consigne de ne rien changer pour le moment calme la peur du changement et satisfait l'homéostasie, et ceci aide à ne pas abandonner.

4) <u>Comprendre la part interactionnelle et la répétition</u>

➜ tout ce jeu <u>intrapsychique</u> entre deux parties intérieures va s'observer dans les <u>interactions</u>, non seulement avec sa femme mais comme le découvrira Hippolyte avec d'autres, avec ses collègues, ses supérieurs hiérarchiques, etc.
Afin d'en faire quelque chose, il est nécessaire, là encore, d'en garder une trace visible et mémorisable : écrire ses découvertes et ses constats permet d'éviter que les mécanismes de défense antérieurs retrouvent trop vite leur emprise.

➜ par ailleurs Hippolyte va découvrir dans sa tendance à susciter la situation dont il se plaint (se faire diriger, critiquer, crier dessus, et se sentir bouleversé) le fameux phénomène de la répétition du traumatisme. Remettre en scène celui-ci, la violence de son père contre lui, dans le but inconscient de le terminer autrement.
En fait ce travail de médiation, et les différentes phases qu'il comporte, va lui permettre progressivement de terminer l'emprise de cette répétition présente dans divers secteurs de sa vie.

5) <u>Etape indispensable : poser des actions nouvelles</u>

Une tentation est la suivante : puisque j'ai bien compris, et aussi puisque l'autre change (parce que cela arrive fréquemment du fait d'un début de positionnement intérieur différent), alors ça suffit comme ça.

Non ça ne suffit pas ! Pourquoi ? Parce que l'expérience vécue, assortie de l'émotion qui va avec, se situe à la base de tout le reste : nos croyances, nos convictions, notre définition identitaire. Festinger a montré que lorsqu'une expérience vécue et assumée se trouve contradictoire avec nos croyances antérieures, alors ce sont ces croyances qui vont évoluer, pour se mettre en accord avec l'expérience vécue, afin d'éviter la « dissonance cognitive » et le trouble qu'elle entraîne.

Ainsi l'évolution des <u>croyances</u> d'Hippolyte passera par des expériences vécues. Et celles-ci devront se situer à 180° des comportements habituels, de façon à donner satisfaction à cet opposé en lui qu'il avait jusqu'à présent évité de reconnaître et de traiter.

Auparavant face aux situations de colère ou de critique, de sa femme , ou des autres aussi , il se sentait écroulé intérieurement, plaidant ses idées péniblement et en vain sur un ton plaintif, et décidant finalement de ne plus rien dire. Désormais voici ce qu'il va expérimenter :

1) indiquer son désir et sa position, calmement, sur un mode « adulte », sans polémiquer

2) prendre l'option de dire ses choix, ce qui suppose donc de les sentir en lui-même, plutôt qu'être incertain, hésitant, ou systématiquement d'accord avec l'autre

3) et garder ces deux comportements d'une façon prolongée en conservant un dialogue ouvert et calme avec son interlocuteur, en l'occurrence sa femme.

On notera que ces décisions et ces nouvelles expériences devront s'effectuer lentement, sans se critiquer intérieurement si cela se révèle, au début, rare ou difficile à faire. En effet l'homéostasie antérieure changera doucement et il ne serait pas sain ou écologique de vouloir que tout change très vite.

Conclusion de ces étapes : Hippolyte a vu d'énormes changements dans son couple et dans sa vie. Sa femme lui est apparue vulnérable et sensible, beaucoup moins obligée de se situer en position Parentale. Lui-même a ressenti apaisement et bien-être, trouvant parfois un peu « bizarre » de vivre sans le conflit et la tension habituelle. De plus il a constaté des changements du même ordre dans sa vie professionnelle. Bref, sorti de la répétition, du moins la plupart du temps car un pli profond ne se déplisse pas facilement, il a débouché sur une vie et une identité désormais très différentes.

Pour finir je dirais que le médiateur interne et sa capacité à gérer les opposés pour les transformer en énergie de changement devient d'autant plus fort et habile qu'il réalise fréquemment des expériences de dialogue intérieur.

L'utilisation régulière de cet espace de traitement interne avec la traduction des messages et la médiation entre les opposés débouche sur une grande capacité d'adaptation, comme l'a montré le psychologue américain Al Siebert dans son étude sur les survivants, ceux qui s'en sont sortis malgré des circonstances extrême. Ils disposent de la capacité à jouer sur des registres différents et opposés, et ceci leur donne une habileté à digérer les chocs et les difficultés que nous rencontrons inévitablement.

Cet espace interne de traitement, dès lors qu'il est fonctionnel et utilisé, ressemble à l'assise en plomb dont sont lestés les jouets culbuto. Les chocs les font basculer et vaciller d'un côté à l'autre, mais ils finissent inévitablement et rapidement par retrouver leur verticalité.

et pour terminer je rappellerai donc la phrase à mémoriser :

« Le travail de médiation intérieure donne les clés des mondes intrapsychiques et relationnels »

LA VOIE DES LARMES

INTRODUCTION

Pourquoi sommes-nous coupés de nos ressources et de la joie de réaliser une vie pleine, qui soit en accord avec nos valeurs et nos compétences et nous amène le sentiment de plénitude ?

Pourquoi connaissons-nous des réussites dans certains secteurs, alors que dans d'autres domaines ce sera la douleur, la solitude, la maladie, le désespoir parfois ? Pourquoi finalement tant de douleurs alors même que nous nous débattons comme des beaux diables pour en sortir ?

Bien sûr, chacun de nous tente de faire au mieux, de voir le bon côté des choses, de penser positif, de rêver à la lumière et au soulagement. Mais, nous le verrons, généralement toutes ces stratégies « positives » ne font paradoxalement que cristalliser et enfouir encore plus la source de douleur qu'il faudrait dénouer.

Or on sait depuis des milliers d'années que le Paradis s'ouvre seulement quand on choisit la voie étroite, ou bien pour être moins dans le religieux : sortir de la bouteille à mouches suppose d'aller vers la zone la plus sombre, le côté du goulot. Je résumerai tout cela par le mot d'un sage africain : nous avons besoin de découvrir la voie des larmes.

Bon, j'entends tout de suite les pensées secrètes de beaucoup d'entre vous qui commencent à trouver de bons arguments, bien « positifs », pour mettre en cause ce que je suggère ici. Alors je vais passer à une explication psychologique plus argumentée. Voyons ce qu'il en est. Et quelles sont les étapes que nous avons parcourues en créant notre structure psychologique.

Premier temps

Le psychisme infantile n'est pas encore suffisamment solide face aux difficultés rencontrées. Du coup, ses ressentis sont tout de suite extrêmement émotionnels, des émotions qui le bouleversent et le ravagent. On sait bien comment un enfant peut pleurer, hurler, crier de peur ou de douleur ou de colère, ou bien être aux anges dans des vécus quasi extatiques (il n'y a qu'à voir un bébé repu après le sein : c'est l'image même du bonheur).

Ce qui lui fait problème, ce qui le bouleverse, c'est qu'il n'arrive ni à contenir ni à mettre en sens ce qui le traverse, et il ressent alors des vagues émotionnelles d'une force inouïe. Heureusement le psychisme parental bienveillant peut venir pallier cela, en offrant la contention et la mise en sens que l'enfant ne peut pas assurer lui-même. Ce psychisme allié va aider l'enfant à développer progressivement un contenant fiable et sécurisant.

Mais s'il a rencontré une réalité traumatique réelle, par abus, empiètement, négligence, abandon, ou si le psychisme parental était défaillant, alors s'inscrit en lui le vécu terrifiant et incontrôlable de ces épisodes. C'est là, c'est présent.

Donc ceci va le conduire à structurer en lui des mécanismes de défense très puissants car il y a la nécessité d'échapper à ce trou noir terrifiant. Il va par conséquent, c'est bien connu, établir des stratégies pour ne plus entendre parler de ces expériences afin de ne plus les ressentir, et ne plus risquer d'être de nouveau bouleversé par elles. Ce sont alors tous les systèmes qui permettent d'enlever du paysage mental ces zones traumatisées et traumatiques, d'effacer leur vue, leur représentation... mais non leur existence. Refoulement, clivage, formation réactionnelle, etc. etc. Je ne m'étendrai pas sur ces points. Retenons une idée principale claire :

1) Il y a du vécu qui fait très peur à l'enfant, car il n'arrive pas à le maîtriser ni à le comprendre.

2) celui-ci est mis sous boisseau, glissé sous le tapis, enfermé à double tour dans un placard sur lequel on va mettre de la tapisserie pour ne même plus savoir qu'il est là... malgré les coups sourds qui semblent régulièrement venir de l'intérieur et qui sont angoissants

Vous vous rassurez peut-être en vous disant que, en ce qui vous concerne, votre enfance a été très bien, sans traumatisme important. OK, apaisons-nous ainsi mais sans être dupes. En effet, même les enfants bien traités se trouvent porteurs de souffrance et de zones psychiques blessées qu'ils se sont ensuite efforcé d'oublier. Pourquoi ? Parce que notre immaturité humaine spécifique, si longue lorsqu'on la compare au développement des autres animaux, nous a inévitablement conduit à vivre des moments où nous nous sommes sentis débordés émotionnellement, ne sachant pas encore contrôler et contenir ces tsunamis psychologiques intérieurs. Des faits qui semblent peu importants aux yeux des adultes, ne sont pas forcément perçus comme anodins par l'enfant ou le bébé. La mère a été hospitalisée quelque jours et l'enfant en bas âge a cru qu'elle était morte ; les bruits des parents faisant l'amour ont été décodés comme une scène de violence ; l'oubli pendant quelque temps dans un supermarché a fait sentir le monde comme un lieu terrifiant où l'on est livré à des dangers mortels ; etc. etc.

L'idée est donc la suivante : même bien traité par l'environnement, notre psychisme infantile a décodé des événements comme de véritables dangers entraînant des émotions de peur, de terreur, d'impuissance, de douleur, d'abandon, de solitude absolue, etc. etc.

Et ceci a été ensuite enfoui en nous, mis hors de vue, afin que cela arrête de nous perturber. Freud a bien démontré comment le refoulement prenait racine dans le désir de supprimer l'affect, l'émotion violente, liée à tel ou tel souvenir, telle ou telle représentation intérieure.

Bref et pour conclure : premier temps de notre vie parcouru par des vécus très émotionnels et difficilement compréhen-

-sibles pour le psychisme du petit, bientôt suivi en deuxième temps par la mise en place des mécanismes de défense nécessaires afin de poursuivre son développement sans se sentir trop perturbé. Et à partir de sept ans l'enfant entre dans « l'âge de raison ».

Les temps suivants

Ces vécus d'émotion terrifiante ou douloureuse ont été oubliés, mis hors de la vue, hors de la perception. « Ma petite sœur a été gravement malade quand j'avais trois ans, mais je n'en ai aucun souvenir et cela me laisse indifférent ; j'ai eu bien d'autres choses à faire et à vivre » pense le patient alors même que l'expérience de cette période est présente, inscrite en lui, comme d'ailleurs tout ce que nous avons traversé, et il se passe alors deux choses :

1) ce vécu cherche à se faire reconnaître pour être enfin apaisé et contenu. Il fait pression à l'intérieur de nous, et nous sommes « bizarrement » envahis par des peurs, des angoisses dont on ne comprend pas pourquoi elles surviennent, des chutes de moral un peu dépressives. On sent que c'est là, mais comme ça n'a pas vraiment de raison d'être, aux yeux de notre regard intérieur, alors on trouve une raison extérieure : « c'est à cause de... » , à cause de ce qu'a dit mon mari, de ce qu'a fait mon patron, ou mes collègues, de ce qui se passe pour mes enfants, etc.

   Cette erreur d'attribution (on donne une raison «extérieure» à quelque chose qui vient de «l'intérieur») nous conduit à nous battre pour changer cet extérieur, supposé être la source de nos malaises. Je vais faire pression sur mon mari, sur mes collègues de travail, sur mes parents, sur mes enfants, etc. et cela va beaucoup m'occuper. Je dois ainsi me battre sur deux fronts : d'une part ce qui se passe à l'intérieur de moi, et d'autre part ce qui se projette de cet intérieur sur l'extérieur.

   Ce premier point est donc source de leurre, d'une illusion, d'une conscience qui s'abuse elle-même par ce qu'on appelle la **rationalisation** : je trouve une « bonne raison » à mes vécus douloureux ou perturbants ; et cette bonne raison me conduit à des actions qui resteront vaines puisqu'elles ne portent pas sur la véritable origine.

Quelquefois, on voit cela dans les films policiers : le héros tire sur le dangereux bandit et c'est un miroir qui vole en morceaux car ce n'était que l'image reflétée, cependant que le bandit, lui, reste insaisissable et dangereux.

Conclusion : tant que nous nous **leurrons** sur l'origine de nos symptômes inquiétants ou douloureux, et que nous nous trompons de cible, nous perdons notre temps et notre énergie.

2) Je passe rapidement sur le deuxième point. Ce vécu douloureux cherche à se faire reconnaître et à être apaisé en remettant en scène dans notre vie les mêmes situations. C'est ce qu'on appelle la compulsion de répétition. Les relations, les aventures, les expériences que nous effectuons sont marquées au coin du transfert. L'infantile en nous se donne à voir et à revivre à travers les expériences de vie qui nous arrivent.

Cela ressemble à une sorte de **schéma** répétitif, une sorte de destin qui nous colle aux baskets, un sort qui nous poursuit et qui se manifeste par la permanence du problème. Permanence de difficultés amoureuses, ou permanence de difficulté à se réaliser dans le travail, ou permanence de difficultés de santé, etc. etc.

Évidemment ce point mérite un ou plusieurs autres exposés, mais je vais revenir à mon propos concernant la voie des larmes comme voie de sortie de ces destins encombrés par des **schémas** répétitifs, de ces **leurres** qui nous poussent sans que nous le sachions vers des combats stériles.

Reprenons donc.

- l'origine, c'est l'affect, l'émotion extrême, dévastatrice parce que non contrôlée et non mise en sens

- nous voulons fuir ces terribles émotions qui nous font sentir proche de mourir ou de devenir fou. Et pour cela nous établissons des barrières, des frontières, des murs qui mettront en prison ces fameux vécus terribles

- or ces vécus se rappellent à nous chaque fois que quelque chose de notre vie semble avoir un petit rapport avec la situation traumatique oubliée. Une part de nous-même cherche à actualiser, dans le présent de notre vie adulte, le passé infantile mal terminé, mal cicatrisé. Nous retrouvons donc, à notre insu, dans notre vie adulte des situations qui réveillent en nous des souffrances diverses. Si la partie traumatique est réveillée parce qu'un symbole la réactualise, alors la vision adulte devient parasitée, faussée. Nous fonctionnons avec un filtre que nous ne percevons pas, et nous agissons en fonction de ce filtre.

- nous cherchons alors à régler quelque chose dans notre vie actuelle afin de moins souffrir, mais ce faisant nous déplaçons le combat sur un terrain qui ne permettra pas vraiment de finir la guerre et de cicatriser nos blessures secrètes. Nous tirons sur le miroir plutôt que sur le bandit.

Comment s'y prendre autrement ? Comment finir la guerre ? Comment cicatriser les blessures dont nous sommes porteurs ?

La réponse est contraire à ce qui est depuis toujours notre mouvement spontané. Celui-ci a toujours été, et c'est bien compréhensible, de fuir la douleur.

Or il va falloir tout au contraire aller au contact de cette douleur, et des émotions qu'elle a suscitées. Non seulement aller découvrir et reconnaître ses émotions infantiles mais les **revivre** afin que l'adulte que nous sommes, généralement appuyé sur un autre adulte thérapeute, puisse les soigner. Pourquoi faudrait-il donc les revivre ? Parce que c'est le seul moyen de vraiment les prendre en charge, les terminer, les détoxiquer. Il ne s'agit pas de pleurer **sur** l'enfant que nous avons été mais de pleurer les larmes mêmes de cet enfant, d'avoir une partie de nous qui revient à ces vécus et à cette vision du monde et à ces émotions dévastatrices, c'est ce qu'on appelle la régression.

Je vous rassure : il s'agit d'une partie de nous seulement, contenue et aidée par le soutien du Moi adulte et du thérapeute accompagnateur.

Qu'est-ce qui va nous permettre de trouver la force d'aller à contresens de notre mouvement spontané de fuite de la douleur, d'évitement de ce qui est enfoui en nous et nous fait si peur ?

Deux forces permettront cela :

1) le ras le bol, le sentiment que ça ne peut plus durer, et ceci est presque inévitablement suscité, surchauffé, par la crise. Comme je l'ai dit dans une de mes vidéos : la crise est une chance.

2) mais le ras-le-bol ne suffit pas : il faut être accompagné vers ce que l'on craint pour que l'enfant apeuré mettre sa main dans celle d'un adulte solide et compétent.

Et comment allons-nous faire le chemin vers ces zones à soigner, alors qu'elles sont protégées-masquées derrière des barrières, des murs, des frontières séparatrices ? On va le faire en utilisant ce que j'ai nommé les « passe-frontières », dans le Cœur Métamorphe. Ceux-ci sont au nombre de trois: l'émotion, l'image (symbolique), et l'altération corporelle.

Et là nous allons progressivement comprendre pourquoi les formations et les pratiques de notre Ecole utilisent prioritairement l'émotion et les images, et durant les stages le travail groupal incluant la mise en jeu du corps.

Reprenons ces points et voyons les étapes du processus de guérison qui nous amènera à trouver nos pleines ressources vitales.

1) avant tout le reste, savoir intellectuellement, et reconnaître :

✓ que ça ne va pas, qu'il y a quelque chose qui souffre

✓ que la solution ne se trouve pas dans ce que l'on a tenté jusque-là

✓ que pour sortir de notre vision préétablie, il faudra forcément chercher avec quelqu'un d'autre qui n'aura pas cette même vision

2) ensuite accepter d'aller dans l'émotionnel, et pour cela être accompagné.

✓ celui qui accompagne vers l'enfer doit avoir le courage et la détermination de Orphée allant à la rencontre d'Eurydice. Pour cela il aura donc dû faire lui-même un travail sur l'aisance à aller dans son propre émotionnel le plus profond

✓ il aura aussi un amour de fond (Orphée aime profondément Eurydice) accompagné de courage et ténacité. C'est ce que nous nommons dans notre école BIENVEILLANCE – INFLEXIBLE

✓ pour la personne en recherche : aller vers l'émotion profonde qu'il s'agit de redécouvrir, suppose une attention et une amplification de celle-ci lorsqu'elle commence à apparaître même faiblement ! Donc suppose d'éviter les systèmes cherchant à la minimiser ou à la dévaloriser. La principale difficulté c'est celle qui attribue à l'Autre l'origine de l'émotion.

La phrase laquelle s'appuyer sera donc : « je suis responsable de mes émotions, et c'est par là que je vais guérir ».

3) **il s'agit donc, pour un temps, de renoncer à aller chercher le Graal** sur la montagne du futur et de l'idéal. C'est-à-dire pour un temps renoncer à la fuite en avant vers le positif ou vers des tentatives de solution telles qu'on les avait appliquées précédemment.

4) **on s'entraînera à reconnaître nos systèmes de défense** qui nous empêchent d'aller vers l'inconnu dangereux existant en nous. Puis, après les avoir reconnus, s'en désidentifier. Ensuite refuser d'y être soumis. Et enfin choisir le comportement inverse de ce que ces mécanismes de défense nous poussaient auparavant à adopter.

Donc, pour effectuer ce fameux virage à 180°, celui qui nous amènera vers l'origine des freins à l'intérieur de nous-mêmes, la voie de l'émotionnel, plus particulièrement celle de la tristesse, sera le chemin privilégié.

Je dis la tristesse, il y a bien sûr d'autres émotions, telles que la peur, et même en l'occurrence la terreur, ou le désespoir, etc. mais attention à ne pas se laisser piéger par le faux émotionnel, tel que nous le connaissons avec « l'émotion racket », celle qui semble être prioritaire sur toutes les autres et qui est toujours mise en avant dans les interactions. On peut pleurer à chaudes larmes, et que celles-ci soient surtout destinées à éviter d'autres ressentis, et à instaurer un jeu victimaire dans le but est de susciter certains comportements. Nous avons besoin d'aller vers nous-mêmes avec un AUTRE qui nous serve de MIROIR (cf. le stade du miroir, expérience centrale de notre identité), miroir de la véritable émotion. Tandis qu'un autre-miroir-de-la-fausse-émotion ne fera qu'accentuer le leurre.

Paradoxalement certaines dépressions ou tentatives de suicide peuvent avoir pour fonction de ne pas ressentir la douleur affolante et désespéré qu'il s'agirait de traiter.

CONCLUSION

Les contes de fées, cette sagesse transmise à travers les siècles, nous indiquent deux points très clairs :

1) il peut y avoir un sort déposé sur notre berceau, et qui va se dérouler sur la vie entière, sauf s'il est dénoué
2) pour le dénouer il faut qu'une partie de nous vienne héroïquement délivrer cette autre partie destinée à souffrir

Mais jamais le héros n'a pu faire tout cela sans audace, courage, passages très inquiétants (comme par exemple l'affrontement du dragon, ou du mauvais dangereusement destructeur), et avec des alliés qu'il aura su trouver sur son chemin.

Que ce soit en TBSI (Thérapie Brève Self Inductive, exposé dans un autre livre - « Solutions en TBSI ») ou en Psychanalyse Rêve Eveillé, c'est cette voie héroïque que nous proposons à nos patients afin qu'ils puissent passer les frontières et oser s'aventurer émotionnellement vers leurs larmes. Ce chemin rigoureux et exigeant mènera vers le Trésor de nos ressources et de nos capacités que le dragon enfermait précédemment.

Si vous souhaitez voir les vidéos qui présentent ces cartes, voici les liens vous permettant d'y accéder :

Carte 01 : La Reformulation.
https://www.youtube.com/watch?v=5lH0V1SXG1o&t=575s&ab_channel=ZoutisPsy

Carte 02 : La Système à deux . SA2
https://www.youtube.com/watch?v=_DM2W305L58&t=2s&ab_channel=ZoutisPsy

Carte 03 : Aller vers l'émotionnel
https://www.youtube.com/watch?v=rihbUEEBKmE&t=710s&ab_channel=ZoutisPsy

Carte 04 : Position haute (Théorie)
https://www.youtube.com/watch?v=T9bWetE_HZo&t=2s&ab_channel=ZoutisPsy

Carte 05 : Position haute (Interaction)
https://www.youtube.com/watch?v=QegdxUvbwh8&ab_channel=ZoutisPsy

Carte 06 : Positionnement juste
https://www.youtube.com/watch?v=HiiCJdG6mag&ab_channel=ZoutisPsy

Carte 07 : Espace interne de traitement (traduction)
https://www.youtube.com/watch?v=Yrxxn_LOf3c&t=311s&ab_channel=ZoutisPsy

Carte 08 : Espace interne de traitement (médiation)
https://www.youtube.com/watch?v=WorVbpqvlr8&ab_channel=ZoutisPsy

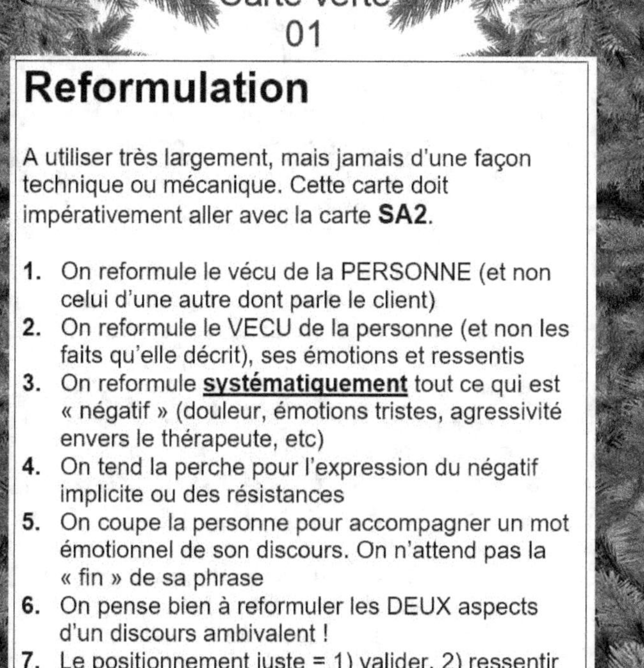

Reformulation

A utiliser très largement, mais jamais d'une façon technique ou mécanique. Cette carte doit impérativement aller avec la carte **SA2**.

1. On reformule le vécu de la PERSONNE (et non celui d'une autre dont parle le client)
2. On reformule le VECU de la personne (et non les faits qu'elle décrit), ses émotions et ressentis
3. On reformule **systématiquement** tout ce qui est « négatif » (douleur, émotions tristes, agressivité envers le thérapeute, etc)
4. On tend la perche pour l'expression du négatif implicite ou des résistances
5. On coupe la personne pour accompagner un mot émotionnel de son discours. On n'attend pas la « fin » de sa phrase
6. On pense bien à reformuler les DEUX aspects d'un discours ambivalent !
7. Le positionnement juste = 1) valider, 2) ressentir

L'idée est à la fois la question du « **miroir** » qui permettra un début de désidentification vis à vis des vécus perturbants, et à la fois la nécessité de « **vider** » ce que la personne a sur le coeur afin qu'elle puisse ensuite ouvrir sur autre chose

SA2 (Système à deux)

Compte tenu du transfert archaïque favorisé par la désorganisation du client du fait de la crise et de l'angoisse, le lien sera fortement marqué par le modèle du mélange des psychismes mère-enfant. Ceci se manifeste par une position thérapeutique située au-delà de l'empathie, dans la sympathie (sun-pathein).

1. Le thérapeute s'emploie à trouver en lui-même des vécus similaires à ceux amenés par le consultant (émotions, souvenirs, etc)
2. Appuyé sur ces émotions, il marque par ses reformulations, l'aspect gémellaire (Danse de gémellité)
3. Toutefois ceci se fait sans rien mettre en avant de son propre vécu. Il se sert de ce qui se passe en lui pour mieux accompagner coeur à coeur
4. Ce SA2 permet son **identification** au client, pour une part de lui-même. Cette identification est essentielle. Sans elle la cure ne marchera pas.

Aller vers l'émotionnel

L'émotion est un des passe-frontières qui permettra d'aller vers l'essentiel, il est donc nécessaire d'aller ensemble vers l'émotionnel. Ceci se fera par :

- ✓ des questions pour l'accès à l'émotionnel
- ✓ la position du thérapeute en SA2 afin d'éviter que ces questions soient intrusives
- ✓ l'utilisation de métaphores, favorisant les étapes nécessaires dans cette recherche de l'émotion-racine
- ✓ si c'est nécessaire, le recours à des pratiques complémentaires permettant l'identification du vécu émotionnel (le QCM, le « tiers extérieur supposé »). La ténacité est bienvenue.

du côté du thérapeute :

- ✓ nécessité d'avoir fait un travail personnel (par exemple en stages) pour avoir une aisance avec tout son propre monde émotionnel
- ✓ il doit se permettre d'aller loin dans l'émotion similaire à celle du patient sans être trop débordé (une part est émue, une autre est au contrôle)

Position haute (théorie)

Induite par la structure de la situation, la position haute du thérapeute est dangereuse à plus d'un titre.

Du côté du thérapeute
1. elle risque de pousser le thérapeute à s'illusionner en le confortant narcissiquement
2. elle induit à de possibles abus
3. elle tend à favoriser des interventions à base de suggestions, de conseils directifs, et autres

Du côté du patient
1. elle favorise une position infantile et dépendante, entraînant un risque de soumission ou de rébellion (Enfant rebelle ou soumis)
2. de ce fait elle empêche le processus de découverte et d'appropriation (seul garant de la pérennité du changement)

Cas particuliers
Il arrive cependant qu'il soit nécessaire d'adopter une position Parentale provisoire pour aider la personne à passer un cap, lorsqu'elle est trop déstructurée.

Position haute (interaction)

Retenir que l'important est que la personne s'approprie les solutions nouvelles.

Du côté du thérapeute
« Tout ce que je donne à l'autre, je l'empêche de le trouver »

Les interactions non souhaitables
- Jugement. (ce qui est bien, ou mal)
- Conseils. (ce que vous devriez faire)
- Interprétation. (voilà pourquoi !)
- Soutien. (je suis votre bon parent)
- Questions. (voilà ce que je veux savoir)

Cas particuliers
On adopte une position provisoirement Parentale lorsque la personne est 1) trop débordée, déstructurée ; 2) risque de passer à l'acte.

Moments délicats
Pas de porte
Demande explicite de conseils et suggestions
Les règles du cadre

Positionnement Juste

Les deux psychismes s'influencent, d'où l'importance pour le thérapeute : d'avoir travaillé ses propres problèmes et filtres ; et de garder une supervision afin que son expérience s'enrichisse constamment.

<u>Le Relation d'équivalence</u> : s'appuie sur
- coopération, collaboration, jeu
- repérer les capacités de la personne
- lever les désignations et étiquettes
- renoncer aux pressions

<u>Et ceci se verra par</u>
- disparition du Je, au profit d'une formulation générique. Exemple à la place de « dites m'en un peu plus » on dit « est-ce qu'on pourrait creuser un peu plus cela ? »
- utilisation du conditionnel et du « peut-être »
- on évite les questions trop fréquentes, et les phrases impératives. Le thérapeute se pose la question à lui-même, ou bien il reformule sans point d'interrogation
- face aux étiquettes stigmatisantes, on utilise la technique du recadrage (voir carte)
- on favorise avant tout le fait que la personne puisse **découvrir**, plutôt qu'écouter et accepter ce que dit le thérapeute

ESPACE INTERNE DE TRAITEMENT (01)

Traduire les messages du JE et du Corps par la symbolisation. Grâce à notre faculté de symbolisation nous pouvons nous comprendre nous-mêmes, et percevoir ce qui veut se dire dans nos symptômes.

1. On immobilise sa posture et on repère la sensation la plus marquée (on l'amplifie)
2. On laisse venir une image qui représente la sensation, quelle qu'elle soit, sans trier
3. On relie cette image et cette sensation à une émotion (qu'on amplifie pour bien la percevoir)
4. On relie sensation – image – émotion à un souvenir de même coloration émotionnelle
5. On cherche le lien avec ce qui se passe actuellement dans sa vie, avec l'idée forte que l'image et l'émotion trouvées expriment quelque chose qu'il est nécessaire de prendre en compte
6. On prend alors la carte concernant le Dialogue intérieur. Car il s'agit désormais, une fois le message perçu, d'effectuer les actions nécessaires pour changer l'origine du problème

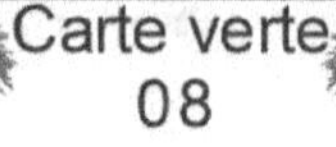

ESPACE INTERNE DE TRAITEMENT (02)

Médiation entre les parties internes opposées

1. Garder à l'esprit la sub-personnalité reniée. Dessiner l'image, faire un pense-bête
2. Effectuer le dialogue, avec le médiateur, entre les parties opposées. Ecrire afin de bien mémoriser les besoins et attentes
3. Observation au quotidien de la manière dont les sub-personnalités se manifestent. Surtout ne rien changer, observer simplement, noter
4. Comprendre la part interactionnelle et la répétition des situations infantiles
5. Temps indispensable : poser des actions nouvelles (opposées aux anciennes façons de faire)

Si l'on renouvelle régulièrement les divers temps de l'Espace Interne de traitement (traduction, médiation) on gagne aussi bien en intrapsychique qu'en interactionnel.

AU REVOIR

Je vous remercie d'avoir lu ces pages. J'espère que cela vous a plu. Et je vous souhaite une belle utilisation, dans votre vie ou votre pratique, de ce qui aura retenu votre attention dans ce petit bouquin.

Vos remarques et impressions sont bienvenues.

Mentions légales ©2021 Jean-Marc Henriot

Editeur : Jean-Marc HENRIOT. 71800 VAUBAN

zoutis.psy@gmail.com

ISBN : 9798734060803

Dépôt légal : Mai 2021